РАЗВИВАЕМ
СОЦИАЛЬНЫЕ УМЕНИЯ

Родителям детей с ОВЗ

ヴィゴツキー理論でのばす 障害のある子どもの ソーシャルスキル

日常生活と遊びがつくる「発達の社会的な場」

Алла Закрепина
アーラ・ザクレーピナ〔著〕
広瀬信雄〔訳〕

明石書店

子育ての「教科書」はあってないようなものですね。子育てに悩みはつきものです。今までの育児書でしっくりこなかった人、自分の育て方に自信が持てなくなっている人にとって本書は、きっと納得できますよ。

2019　モスクワ　　著者より

Закрепина А. В.
Развиваем социальные умения
Родителям детей с ОВЗ
Москва ИНФРА-М, 2019

目次

第2章　遊びでソーシャルスキルを身につけましょう　41

第3章　遊びの教材を生かして、ソーシャルスキルをのばしましょう　141

（本文中、番号付きの注は原注、＊は訳注です）

まえがき

この本は、ソーシャルスキルが苦手なお子さんを育てている保護者のみなさんのために書かれました。そのようなお子さんたちは、自分の名前が呼ばれていてもわからなかったり、おもちゃに興味がないようにみえたり、上手に遊べず、周囲の人に話しかけたりすることも苦手で、日課の順序がわからなかったりしますね。そのお子さんはまだとても幼い1歳児のこともありますし、もう少し年長の4歳児や5歳児であるかもしれません。

お子さんがお約束やお決まりを守れなかったり、大人の言うことを聞けなかったり、おもちゃを投げつけたり、駄々をこねたりすると、親御さんたちは、どうやってその子を遊びにさそったらよいのか、時々わからなくなってしまいますよね。でも実は遊びこそ社会で生きていく基本的な習慣を子どもに教える最良の方法なのです。

社会性の発達がゆっくり進んでいく子どもにそのレッスンを始めるのは、できるだけ早いほうがよいでしょう。年齢が上になればなるほど、同じ年ごろの仲間に入るのは難しくなってしまいます。手を打つタイミングを逃してしまうと、学校にあがってから学ぶことにも影響してしまうでしょう。

この本の大切な目的は、子ども時代のうちに身につけておくべきソーシャルスキルの初歩を保護者のみなさんに知っていただくこと、そして最もやさしい教育的な遊びを子どもに教えることがソーシャルスキルを身につける助けとなるということです。大人が誠心誠意、心をこめて積極的に向き合うと子どもたちに新しい世界、言わば社会的な知性の世界を広げてあげられます。

本書の大半は、いろいろな遊びを用いた大人と子どもとの相互やりとりの方法を示したものです。それぞれのページには、そこでおすすめする遊びの役割をわかっていただくために、ちょっとした解説があります。指導方法の要点が示されていますが、実際やってみると遊びの場面はぐんぐん進行し、子どもの関心や行動を社会的な相互やりとりに向けることができ、さらにその効果として、期待どおりの反応や共同行為に関心を向けることができますよ。

どの遊びも同じ形で示されています。最初に詳しい例示があり、その次には子どもの反応と大人の行動の二つの例（「望ましい例」☺と「しっくりいかない例」☹）があります。望ましい例のときには遊びの発展と仕上げにつながりますし、しっくりいかない場合でも、はじめは望ましい反応が得られなくても、子どもとともに遊びを続けていくうちに願っていたような結果にたどりつけるでしょう。

どうか、私たちの経験を信じてください。いつの間にか、みなさんがそのお子さんの社会的モチベーションをつくっていることに子どもたちは慣れ始め、あなたを自分と社会生活を共にする一番のプロデューサーとして認めるようになります。

遊びによる相互やりとりが順調ですと、それは子どもにとって新しい心的体験、情動、能動性の確実な源泉としての役割を果たします。はじめは、遊びを待つ反応が見られるようになり（これは大人とコミュニケーションをとりたいという要求です）、その後には、同じ年ごろの子どもたちと「隣り合って」遊びたい気持ちになり、そしてついに周囲の事物にまで関心を示すようになります。認知的な関心といろいろなモノをいじってみたい気持ちは、周囲の世界を学習したいという欲求の最初の現れです。

またたく間に時間は過ぎてしまいますが、日常生活での模倣や遊び場面で子どもの自発性が現れてくるのにみなさんはお気づきになるでしょう。

申し上げましたように、この本は誰よりも保護者のみなさんに向けて書いたものです。でも、いろいろな制約の多い子どもたちに対して、伝統的、現代的な支援教育を行っている専門家たち（障害児教育の教師、保育士、子どもの施設や団体のボランティアのみなさん）にも本書の教材が役立つでしょう。

日本のみなさまに——日本語版序文にかえて

どのようにしてプロとしての腕前が身につくのかなんて、ふつう考えたりしないものですよね。長く実践をしていくうちに習得していくのですから。でも理論や実践的なスキルの習熟は、学ぶべき時に十分自分のものにしておくことがどれだけ大事かということはよくおわかりですよね。

子どもの生理学、心理学を知らずにいたり、幼い子どもがのびのびと発達し幸せや成功をつかむうえでの大人の役割を自覚することなしに、今日の特別支援教育のABCを理解することはありえません。子どもの発達というとても繊細で奥の深い過程を熟知したうえで、そのすばらしい実りに立ち会えること、それは、かけがえのない、興味の尽きないミッションであるのですが、うまく行くかどうかは、みなさん一人ひとりにかかっているのです。子どもと相互にやりとりをするためのABCをぜひ身につけて、あなたのよい所を存分に発揮してください。

子どものことを気にかけている人は、いっしょうけんめいで誠実でありますし、子どもにとってよい大人であるに違いありません。

よく考えてみてください。何か事を始める前に、自分の行動を思いうかべ、計画してみましょう。大事なことは、子どもがいやがることをするのではなく、助けとなってあげることです。

みなさんは毎日やりがいを実感できるでしょう。日々子どもを支援しながら、子育てや教育と発達の問題について他のみなさんと話をすることもできるでしょう。

自己研究も忘れてはいけません。理解し実践すること、他人の経験を学び自らの行動力を発揮すること、これは大人としての成長や資質向上にとって重要な要件です。

ソーシャルスキルの発達について書いたこの本は、これまでの経験と、幼児・児童期への愛着、そして子どもやご家庭を支援したいという一心から生まれたものです。

どうぞお読みになり、お考えください。そして試したり、くりかえしたり、また考えたりすることを忘れずになさってください。

みなさんが子どもたちからたくさんの愛やありがとうを手にすることができるよう願っています。それがなければ、本当の良い大人とは言えないでしょうから。

アーラ・ザクレーピナ

第1章●子どもは周囲の世界の探検者

1

社会的な相互やりとりの一歩

子どもと社会のつながりを大事に考える現代の教育では、身近な大人との相互やりとりが新しい意味を持っています。自分の周囲の世界を知るための行動を大人たちは自由にさせていますが、そのとき大人たちがしている社会生活をよく子どもに観察させることがソーシャルスキルを発達させる大切な部分となりますね。

いったい子どもたちは、どのように周りの世界を見ているのでしょうか。想像するに、それはいろいろなモノやその一部であり、あるいは、さまざまなニュアンスの空間が合体したものであり、それとも音楽か騒音であるかもしれません。なかでも子どもにとって存在感のあるモノこそが、その色や音の効果によって子どもの注意をひき、手に取らせ、それをいじくりまわすようにさせているのでしょう。このような状況下での大人の役割は何かと言えば、それは子どもの期待に応え、そのモノを子どもが役割どおりに用いるような条件をつくってあげることでしょう。

世界的な心理学者ヴィゴツキーが指摘しているように「その子どもの生後の最初の数日から周囲の世界への適応は、周囲の大人を介した社会的手段によって行われている。子どもからモノへの道も、モノから子どもへの道も、他人を介して通じている」[1]のです。

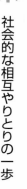

実際的な行為をした結果として、子どもは具体物の扱い方を学ぶだけではなく、大人たちとの相互関係を社会的なものにしていくのです。はじめのうち子どもの行動は、二つの適応形態が混ざり合ったもの、という考えもあります。[2] そこにはモノと人、媒体と社会的な場面が混じり合っています。子どもの行為をごちゃごちゃしたもの、あるいは複雑に絡みあったものとしてとらえて、そのような行為は不要なものであって必ずしも実りあるものではない、と大人は考えてしまいます。でも子どもの方はどうかと言えば、大人とは違ったように状況をとらえていて、自分のいろいろな能力をせいいっぱい使ってその問題を解決しようとしています。まず手当たり次第に活発に働きかけ、やがて大人に助けを求めたり、あるいは、そのモノにふさわしい活動をしてくれるよう求めてきたりします。

子どもと周囲の世界との能動的な活動の源泉を、ロシアの心理学では、「自己中心的言語*」と「要約的言語」の機能が発達する理論として明らかにしています。[3] 周囲の世界が持っている社会的な役

1　ヴィゴツキー　L・S『選集』全6巻中の第6巻「科学的遺産」所収　ヤロシェフスキー　M・G編　モスクワ、ペダゴギカ出版社　1984、30頁
2　ヴィゴツキー　前書30頁
3　ヴィゴツキー　前書32頁
*訳注「自己中心的言語」は「自己中心性言語」「自己中心的ことば」などと訳されていることもある。ここでは、やがて「内言語」に移行することを考え「自己中心的言語」とした。

割を探索し理解するために、子どもは、この二つの言語機能を利用しています。前者（自己中心的言語）で、子どもは自身のことば（声に出しても、出さなくても）によって自分の行動を調整しますが、これは「自分自身のためのことば」と呼ばれています。後者（要約的言語）の場合、子どもはまず、行動してから、自分のしていること、あるいはその結果、あるいはそれらの個々の要点（たとえば行為に先がけての要点）を声に出しながら、まとめや補足説明のように言います。両方の場合においても、社会的に意味のある言語機能が間違いなく子どもの行動の社会的な基礎を定めていて、その子どもと周囲の大人との相互作用の性格に影響を与えているのです。

現代の子どもたちが獲得するソーシャルスキルの教育と遊び場面を考えると、モノを扱うさまざまなレベルの行為がなされるときに、子どもの社会的な能動性と自発性を奨励することが必要ですね。それが単純なモノいじりの行為であっても、また複雑に絡みあった一まとまりの行為で、それによって自分の認識的な関心を満足させようとするものであっても、大人がそうするように促し、励ますことが大事なのです。しかし時として衝動性や混乱性が生じたときこそがのびるチャンスでもあります。それは、子どもと大人が共同行為を続けたり、遊びや実務的な相互やりとりをしたりしながら、期待される結果に改良していく数少ないチャンスでもあるのです。大人と子どもがだんだん互いに向き合うようになってくると、周囲の世界を知ろうとする子どもの行き当たりばったりのやり方に、大人が日常生活上でやって見せている正しいモデルが入りこんでくる機会が増えてくるのです。

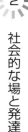

2 社会的な場と発達

現代の保護者のみなさんは自分のお子さんの発達状態にとても関心を持っていらっしゃいます。子どもが快適でいるか、寒くないか、おなかをすかしていないか、と気にするだけではなく、少しでも時間があれば、ことばや社会的な知識を刺激し発達させようと教育おもちゃを使って学習させたり、身体運動的な能動性を高めたりしようとしています。わが国の心理学用語には「発達の社会的な場」（L・S・ヴィゴツキー）ということばがありますが、それは周囲の世界を子どもが獲得する表象の地盤を言っているのです。

その時々によって「発達の社会的な場」は形を変えます。1歳未満では、それは大人との直接的な情動的・個人的なコミュニケーションの場です。このようなコミュニケーションを通して大人は、子どもの情動や能動的な動きを刺激して、モノやおもちゃにかかわる子どもの行為を媒介し、さらにその行為をモノを扱う初歩的な場面につなげていきます。その後、「発達の社会的な場」は変化します。大人は子どもの手を取りながら、モノを使った遊びや日常生活の動作を教えます。赤ちゃんにとっては模倣することが他人の経験を習得する基本的な手段になりますね。子どもは両手を用いるスキルに自主性を発揮し始めます（たとえば、自分でスプーンを持ったり、親指と中指で細かなものをつまんだりします）。また、おもちゃを用いた簡単な行為として積み木でテーブルをたたいたり、すき間や穴に物をつめたりするようなことをし、さらにいろいろなモノを道具として用いる初歩的な行為をしてみせます（食べ物をすくってスプーンを口まで持ってきたり、カップの取手を持ってみたり、水を注いでみたり、くしで髪をとかしてみたりします）。

３歳になると、子どもは自分ひとりでモノ遊び行為（モノを用いた遊び行為）をするようになります。子どもは部分と部分を結びつけて全体をつくり、簡単な組み合わせ遊びをします。この段階になると大人はその子にとって、周囲への社会的な態度を確立する模倣見本になるのです。このような「発達の社会的な場」で子どもは身近な自分の知っている大人へのかかわりだけではなく、同じ年ごろの子どもたちにも関心を示すようになります。遊びによってかかわりの性質は「やや大人になったように」豊かになっていきますし、一方、主題のある遊び自体は、家庭、仕事、学習での大人たちの社会的関係を反映したものになっていきます。

こうして、子どもは「発達の社会的な場」で、社会的な媒体を用いた新たな関係づくりを体験することになるのです。そして、その内容が豊かであればあるほど、社会的な発達のプロセスはうまく進みます。

3 ソーシャルスキルの誕生

周囲の世界に社会的になじんでいくことは、大人たちとの密接な相互やりとりを通して、初歩的な動作や自分自身の行為を子どもたち自身が自覚することと同時進行です。たいていの場合、それは空間を自分で習得していく道ですし、多くは大人がしていることを模倣していく道です。

ロシアの心理学者たちは[4]、周囲の大人や事物とのさまざまなやりとりの場面で子どもの社会的な発達が進行する過程を記しています。社会的な発達の始まりは、授乳の際の赤ちゃんの接触反応に見られます。その後、安定した反射が形成され、それらは生後数か月で把握機能や防御機能を確実にする担保となり、しだいに反射的な手指運動をモノを扱う具体的な操作に変換し、子どもと周囲との初歩的な相互やりとり、まさしく社会的な結びつきとなっていきます。

生後3～4か月のころ、赤ちゃんが発達する社会的条件は、手の指による把握機能によって豊かになります。まだ無自覚的なのですが、くったくのない、のびのびした動きによって、子どもは偶然におもちゃに触れたり、つかんだり、あるいは突きあたったりしますが、まさにそうすることに

4　ヴィゴツキー　L・S、ガリペリン　P・Ya、ザポロージェッツ　A・V、レオンチェフ　A・N他

よって大人の注意をひき、大人を隣に来させるのです。モノやおもちゃをいじくる初歩レベルの社会的なコンタクトは、子どもの能動性を支援する方法を大人が見つけるヒントになります。たとえば、そのモノに関わろうとするとき、大人はいっしょにやってあげようとする態度をとり、まさにその行為に自らも関わるつもりだよと、気持ちでも、またことばでも表現しようとしますね。

大人をコンタクトの場に呼び出しながら、子どもはますます自覚的に身の回りのモノになじんでいき、それらの特徴や特性を学びはじめます。研究者たちが指摘するように、偶然にモノをつかんだりあるいはモノに突きあたったりして、目的に向かって行為する初歩的な痕跡が生まれますが、それは手による操作の芽生えなのです。[5] さらにより高いレベルへの移行が生じます。つまりモノの取っ手を正しく握るスキルが形成され、手の親指と残りの指を向かい合わせにして、やがて人差し指と親指で細かな部品をつまんだり、モノでモノをたたいたりします。手の操作は、視覚、聴覚、粗大運動や、筋運動の適応性、指先の感覚によってコントロールされます。

子どもは大人の行為を模倣しながら、大人の承認を呼び起こし、いろいろなモノを用いた遊び操作にいっしょうけんめい参加します。これは、だいたい生後2年まで続き、やがて子どもはその次のレベルに移り、行為の像は複雑になっていきます。その結果、子どもが日常的な相互やりとりをする社会的なアプローチは、大人相手だけではなくモノの世界を相手にするようになります。

手や道具による具体的な行為を行う社会的な動機となるのは、大人との相互やりとりの場面です。発達の早い段階では、身近な大人との社会的な接触が周囲の世界の知覚を子どもに保障します。就学前の時期になると、同年齢児との遊び場面やコミュニケーションがこの働きをします。

子どもが自分ひとりで日常生活の道具（たとえば、スプーン、歯ブラシ、タオル、くし）を用いることができるようになっていくのは幼児期ですが、そのとき子どもは、はじめてモノを手で持つ方法を自覚し理解します。手でモノを持つスキルを最も効果的に獲得できるのは遊び場面ですが、そのとき子どもは、たとえば人形に食べさせるときやあるいはおもちゃの手押し車を用いるとき、目と手はそのモノそれ自体にも、またその性質にも（長い、薄い、曲げやすい、堅い、重い、など）順応していきます。操作する技術あるいは簡単な手の動かし方をマスターするための肝心な点は、日常生活の場面にどっぷりつかることです。スプーンで食べる、カップで飲む、ナプキンで口を拭く、といったスキルは、日課のいろいろな場面で強化されますし、子どもの個人的な経験が多いか少ないかが大きく影響します。

赤ちゃんの発達に影響するソーシャルスキルについて重大な意味を持っているのは、その子にかけることばと、わかりやすいコミュニケーション手段で応える大人側の力量です。それはノンヴァーバルな場合（顔の表情、身ぶり、身体的表情）もありますし、音声言語の場合（声、単語、文）もありえます。社会的に接触する過程で子どもは能動的なコミュニケーションを獲得します。はじめのう

5　A・V・ザポロージェッツ『心理学著作選 全2巻』の第1巻　モスクワ　ペダゴギカ出版社、1987　54頁

ち、それは運動として「複合した活発性（アジヴレーニエ・コンプレックス）」*、片言やあやしことば、のような形で表現されますが、やがてその能動的な運動は、音声複合体や省略された単語と結びつきます。1歳を過ぎると具体的な行為が単語のセットや簡単な文章に結びつきます。就学前の年齢になると自分の行為をことばによって判断したり、説明したりすることができるようになります。

社会的なコミュニケーションスキルの獲得は、幼児たちを観察した研究が示しているところによれば、大人とやりとりしている場面、時には教育を意図していない場面で最も効果的に進むようです。子どもと遊びながら相互にやりとりしているとき、大人は自分たちがしようとしている行為にことばを添えたり、事物やその性質をことばで言ったりしていますね。話しことばの理解が生じるのは、必要な行為を子どもが模倣したり実行しようとし、正しい応答をしたとき（音声言語でも、そうでなくても）です。心理学者ヴィゴツキーは次のように書いています。「ことばは、……活動あるいはその一部の言語的なレプリカであり、行為を反映しているか、あるいはその結果を補強している……」[6]

このように遊びの世界は、相互やりとりを調整したり支持したりするソーシャルスキルを子どもが獲得する地盤的な空間であり、そこでは社会的な知性を認知するための目的志向的な行為が行われているのです。

大人が用意する相互やりとりのどのような場面も、遊び場面であれ日常生活場面であれ、またその瞬間に完成される行為でも、あるいはその後に完了する行為でも、ことばが伴っていなかったり音声化されなかったりしたならば成果を出せません。大人と子どもの間でどのような社会的コンタクトがなされようとも、それにはことばによる仕上げが必要ですし、子どもにとって実際的な意味を持つモノによる補強が必要なのです。

＊訳注　コンプレックス・アジヴレーニヤ（Комплекс оживления）、日本語では「アジヴレーニエ・コンプレックス」。直訳すれば、活発さの複合状態。1920年代に心理学者N・M・シチェロヴァーロフが用いた概念です。生後3週目ごろからみられ、生後3～4か月ごろまで示される、子どもが大人に対して関わろうとするときに表出する情動的、運動的反応を言います。モノや音への驚きの連続、ほほえみ、発声、運動が複合的に、呼吸の頻繁化やよろこびの叫び等を伴ってあらわれます。このような情動的、運動的反応は3～4か月までに集中しておきますが、やがて複雑な「行動パターン」に形態を変えていきます。その本質については、子どもが外界から知覚したモノへの情動的な反応が分化していく過程と考える説や最も単純な無意識的な反射と考える説があります。いずれにせよ、幼い子どもが外界や周囲の人に向きあい、それらを認識し、相互やりとりを始める機会として意味のある過程であり、この時期をよく見守り、大切にすることが大人に求められるでしょう。アジヴレーニエ・コンプレックスは、新生児期からの子ども情動の表出であるだけではなく、大人とのコミュニケーションの機能をも果たしているからです。大人の顔の表情や声のイントネーションは、幼い子どもにとって、大きな意味があります。

アジヴレーニエ・コンプレックスによって子どもは大人とのつながりを築き、コミュニケーションしたい欲求を満たすことができます。

6　ヴィゴツキー　L・S　前書35頁

4 社会的な記号——記号-シンボルによる活動

心理学者L・S・ヴィゴツキーがその著作の中で強調しているように、記号を習得することこそ、子どもに社会的な人格が形成される歴史の一部分なのです。

ご存知のように、子どもは生まれたときからすでに記号化-シンボル化された世界[7]に参加しています。生後に習得した記号-シンボルによる万能化の第一歩と言えば、それは身ぶり、ことばですし、お絵かき、積み木、組み合わせ遊びもそうでしょう。

生後から1歳まで

記号-シンボルによる活動が発生する最初のステージは、「反復なき反復」が子どもに発達するときに一致します。このとき、子どもは声には声で、微笑には微笑で、動きには動きで反応します。

子どもと大人との初期のコミュニケーション手段は、発声、顔の表情、身体的表情[8]、一定の合図（記号）[9]です。子どものことばとして、それは泣き声として表現されますが、生後数か月、赤ちゃんはこれによって周囲の注意を自分の生物学的な要求に向けさせます。やがて「ごきげんな声」（ブァ、バ、アウ、マ、パ……など）や「ぐーぐー声」（アウ、グ、ガ、アグ、カ、など）、同じ音声やムニャムニャの反復で人の注意をひくようになります。大人の方は、身体的な接触、陽気な顔の表情、身ぶり、ことばを用いますね。

●3歳まで

このステージでの子ども本来の発声は、まだ対象に対する相互関係性を持ち合わせていませんし、行為を伴っているのがふつうです。でも子どもは単語の既成の意義を習得し始め、身ぶりの助けをかりながらコミュニケーションをし始めます。この時期の話しことばの機能は、表示的（インジケーター的）と言えます。子どもは名前を言わずにそのモノを指示してみせます。モノを扱う活動の発達としては、不特定の動き（軽くたたく、投げる、振り回す、など）が見られますが、

7 ワロン A『子どもの精神発達』仏語からの翻訳 L・I・アンツィフェローワ モスクワ・プロスヴェシシェーニィエ出版社 1967 150頁
8 ヴィゴツキー L・S『選集』全6巻の第6巻 62頁（前書）
サルミーナ N・G『教育における記号とシンボル』モスクワ モスクワ大学出版 1988 100—150頁
サポゴワ E・E『子どもと記号 就学前児の記号−シンボルによる活動の心理学的分析』トゥーラ プリオクスコエ出版社 1993 63—106頁
9 ワロン A『子どもの精神発達』（前書）122—123頁

やがてモノをいじってみるようになります。子どもが場に慣れてきたら、大人はそのモノの扱い方をやってみせます。そのモノの役割は、扱い方を特別に教えてもらった後で子どもにわかってもらえるのです。でも子どもは遊びだけで周囲の、モノの世界を習得するのではありませんね。このころの子どもは、なぐりがきをし始めます。とぎれとぎれで、やや丸みのある、筆圧の弱い、同じような線です。これはモノ（えんぴつ）を自由にいじりまわした結果、生じるのです。そして子どもは、えんぴつが平面上にその跡を残すということを学ぶのです。

子どもが習得するのは、モノに対する行為のしかただけであることがこのステージの特徴です。それが進んでいくのは、身ぶりを利用しながら大人と共同してモノを用いた遊び活動のときですが、お絵かきとしては、まだなぐりがきのレベルです。[10]

●3歳以後

記号的-シンボル的な活動が発達する第1のステージでは、外面的な形態と一定の内容とが一致するようになります。ここでの操作の基礎にあるのは「像」、すなわち、記号、像のコード[11]、あるいは特徴[12]、周囲の現実です。

L・S・ヴィゴツキーの考えによれば、模倣は子どもが人間としての体験を習得するときのメカニズムです。大人のことばによって、子どもは大人との直接的なコミュニケーション[13]の場面でいろいろな事物を用いる行為を自覚することができます。相互に関係し合う行為や道具的な行為は、大人との共同行為の影響を受けて子どもに形成されますが、同様に模倣によっても形成されます。これらの行為が形成されると、今度は、それが本来的な認識への関心として記号やシンボルを利用しようとする自覚に影響するのです。

この時期になると、子どものお絵かきには初歩的ななぐりがきが現れ、子どもはそのなぐりがきの中に実際の事物との類似性を見出しています。その子どもの個人的な体験は、知っている絵を見分けたり理解したりすることに結びつき、子どもの描く絵や造形表現に大きく影響します。[14]このステージでは、「あるレベルまで、すでに知っているシステムまでの習得と仕上げ」が進みます。子どもは知っているシステムや周囲の世界の中では、何も生み出さず何も変えません。が、同時

10　ムーヒン　V・S『幼年、少年時代の心理学』実践心理学研究所出版　モスクワ　１９９８所収
サポゴワ　E・E『子どもと記号』（前書）
11　ソロモニク　A『記号と言語学』モスクワ　若き親衛隊出版社　１９９５
12　ワロン　A『子どもの精神発達』（前書）
13　グロトーワ　G・A「人間と記号」人間の個体発生の記号、心理学的なアスペクト。スヴェルドロフスク・ウラル国立大学出版　１９９０
カイダノフスカヤ　I・A「就学前児における思考の内的プランの形成」心理学博士候補論文要旨　モスクワ　１９８５
14　ムーヒン　V・S『幼年、少年時代の心理学』（前書）

に子どもはそれらを「手にとり、わがものとし、能動的に対象として向き合いながら、利用する」[15]のです。

4歳以後

記号的-シンボル的な活動が生まれる第2ステージの特徴は、子どもが自分の関心の中で、知っているシステムを用い始めるという点にあります。J・ピアジェによれば、それは「形態的知覚」の段階です。この段階で知っているコミュニケーション機能は、お絵かきであり、子どもの社会的な発達は共同活動へのレディネスとしてのお絵かきから、積極的にそれに参加し自分の希望を表現できる能力に至るまでさらに伸びていきます[16]。

子どもが大人とのコミュニケーションで示す、まねしたがりは他の人々への情動的な関係性に変わっていき、子どもは大人に対する信頼性を示すようになります。遊び活動では、モノ-遊び行為（モノを使った遊び）から主題-役割遊びへの移行が生じ、使うモノの元々の役割を考えた自由な行為になっていきます。

お絵かきでは、情動、気分、印象を表現する機能が形成され、初歩的な主題画が見られるようになります。自分の意図を計画し実現するスキルは、将来の結果を頭の中で保持しながら、内面では記号による活動が発達するのが特徴となっていきます。外面的には粘土や組み合わせ、アップリケづくり（形を貼ったり、模様をつくったりすること）がのびていきます。[17]

●――6歳以後

記号‐シンボルによる活動の第3ステージはシンボル・コード、とりわけ言語シンボル・コード[18]、さらに多くのシンボルと記号[19]の理解の形成と結びついています。つまり記号という手段を積極的に用いることです。遊び活動では、主題‐役割遊び、ファンタジー遊び、劇化遊び、が見られるようになります。描画活動では、描かれる対象の一般的な特徴が絵に反映し始めます。

記号‐シンボル活動の生成は就学前年齢で終わりではありません。それは現実界との相互作用というコードを建て増していくことによって完成するのです。記号‐シンボルによる活動は、身近な大人とのコミュニケーション、モノを扱った遊び活動、遊び、描画、組み合わせ、同年齢児との学

15 サポゴワ E・E『子どもと記号』（前書）63―106頁
16 リシナ M・I『コミュニケーションにおける子どもの人格形成』サンクトペテルブルク ピーテル出版社 2009
17 ムーヒン V・S『社会的な体験の習得形態としての子どもの表現活動』モスクワ ペダゴギカ出版社 1981
18 ソロモニク A『記号学と言語学』（前書）
19 ワロン A『子どもの精神発達』（前書）

習活動においてそれぞれの子どもの社会的な発達を決定づけます。

こうして、発達の困難さのために、記号やシンボルによる活動のステージで時間を多く要する子どもたちもいますし、なかなか次のステージに移行できないこともあります。子どもは紋切り型シンボルのセットを獲得するかもしれませんが、それらを本来の役割どおりに用いることはしません。たとえば、なぐりがきをし、えんぴつを持ちながらも、自分の絵を実際の事物と関係づけたりしないのです。行為手段を機械的に獲得したとしても必ずしもそれは記号と行為の実際的な結びつきや周囲の現実を認識するソーシャルスキルの蓄えを反映しているとは限らないのです。ステージと年齢が一致していることを公理と考えてはいけません。ですので、大人は相互やりとりの際、子どもの現実のポテンシャルや、習得したスキルを他のさまざまな場で転用できるようにする機会を考えていなければなりません。大人と子どもが遊びながら記号-シンボルによる活動のより早い時期にていねいに向き合うことは、ソーシャルスキルの発達上で期待される成果と実際の結果とのギャップを小さくすることに役立ちます。

5 ソーシャルスキルのベーシック——「いじくり遊び」から「モノ-遊び行為」まで

生活上のいろいろな年齢期において子どもに形成されるソーシャルスキルがある、としばしば議論されますが、それは各々の年齢の子どもが具体的な社会的場面で特徴的な実行手段を獲得していることによるものです。手はじめに、子どもにはコミュニケーション手段と、自分が目的をもって用いるモノ（おもちゃ）が必要不可欠です。

幼い子どもは潜在意識レベルで遊んでいて、大人からの好意や、注目を求め、そばに居てほしいと思っています。子どもは泣いたり、音声で反応したり、能動的な動きや事物をいじくりまわすことで初歩的なソーシャルスキルを表します。

メチャクチャに見える行為、うまくいかなかった行為は、結果を出すことはできませんが、それでもそれらの行為の目的は一つです。それは助けを求めること、「プリミティブな[20]」共同を続けるために大人から好かれる存在であろうとすることです。

心理学の理論では、そのようなコミュニケーションの形態を、自分宛てのコミュニケーションと意味づけています。それは一人きりの場面で子どもが味わう心的な不満を補充しているのです[21]。

1歳を過ぎると子どもは、大人の生活により大きな関心を示すようになります。大人との相互やりとりの場面は、モノを使う遊び活動での社会的、言語的な能動性によって決まります。発達にお

20 ヴィゴツキー　L・S『選集』全6巻の第3巻「精神発達の諸問題」マチューシキン、A・M編　モスクワ　ペダゴギカ出版社　1983　325頁

21 リシナ　M・I『コミュニケーションにおける子どもの人格形成』（前書）37頁

ける大きな変化は直立歩行の獲得ですが、そのおかげで両手が自由になり、手でモノを扱う行為へと移行します。手を伸ばしてモノをつかむ、これは身ぶりが現れる兆しですし、それによって指をさしたり、身の回りにあるモノを指示したり、取り出したり、実際的な意味を理解したりすることがはじまります。指で示す身ぶりは、今度はそれがことばの前ぶれとなり、子どもを周囲の物的な世界と近づけます。

モノを扱うソーシャルスキルは、初めのうち大人との共同を築くため、身ぶりから分離しながら、大人との共同遊び活動として開花し、具体的な場面で大人の行動を模倣することを経て定着化します。ある何らかの局面で子どもは自分自身に大人の役割を引き受けさせ、大人の行為をまねようとし（たとえば、電話を操作し、それを耳に当て、声やことばを発し、しゃべり方をコピーしたりするでしょう）、それに先がけて手のスキルや道具を用いた行為の時期もあります。しかしそこでは手はまだモノ（スプーン）を持つだけだったりするのですが、大人との共同遊びでは役目に応じて用いたりします（こぼさずにスープを食べます）。

こうして現実生活上の記号やシンボル（何よりも、ことば）を習得する過程と行為を獲得する過程とを合流させながら、子どもは周囲とのより高度なレベルの社会的な相互やりとりに移行していくことができるのです。これは周囲の人々との社会的コンタクトを保持したままモノを用いる遊びスキルの発達に大きく作用するばかりではなく、コミュニケーションのより完全な形での出現を促し、無条件的な認識活動を促します。またそれは、子どもが遊び行為を自主的にすることに役立ち、いろいろな日常生活場面で社会的にふさわしいふるまいをするための仕上げをしてくれます。

6 ソーシャルスキルからみた就学前期

就学前期におけるソーシャルスキルは、他人（大人や子ども）を認知する文化の水準、社会的情動と動機、自尊心、コミュニケーション手段、と結びついています。人間と人間が相互やりとりするソーシャルスキルの基礎には、大人を模倣するスキルと、ことばでの教示にしたがえるスキルがあります。

大人とのさまざまな相互やりとりの場面で子どもは、道徳的なノルマや、人としてのふるまいの評価規準に関する情報を汲み取ります。[22] 同じ年ごろの子どもとのコミュニケーションに必要なソーシャルスキルが現れます。たとえば、かわるがわる話す、じゃまをしない、自分の考えを説明する、ノンバーバルなコミュニケーションもする（まなざし、身ぶり）、相手の体験や関心を考えに入れる、などです。[23] 就学前の子どもは情動的な意味を身ぶりや顔の表情で理解することができ、微

22 リシナ M・I『コミュニケーションにおける子どもの人格形成』（前書）
23 マッセン P、コンジェル J、カガン J、ヒュースタ A『子どもの人格発達』プログレス出版社 1987

笑、しかめっ面、あるいは他の表情やしぐさで自分の情動的な状態を伝えることができます。同じ年ごろの子ども同士の相互やりとりは、互いに関心を持ち、いっしょに遊び、社会的になりかけてきた行動（分けあう、思いやりを示す、協力する、といったスキル）の上に築かれます。

周囲の大人たちがしている生活への参入は、遊び、とくに主題が展開していく遊びのおかげで進んでいきます。子どもは自由に遊びの主題を選び、いろいろなモノが具体的に持っている役割に関係なく、それらを手で扱います。[24] このような就学前児の遊びでは、社会的に意味のある行為が現実化されるのです（ままごと、病院遊び、お店遊び他）。

子どもは自分の名前を自覚し始めます。子どもは名前を知り、その親称表現も知っていますが、同時に、自分が成人になったときの名前の言い方や呼ばれ方も理解しています。名前や、一人称代名詞「私」、それに身ぶりを併用することによって子どもは一個人としての自分を区分するようになります。[25]

子どもたちには、身近な人々、周囲の現実についての表象が形成されます。子どもたちは自分のイニシャルや自分の住んでいるところをよくわかるようになります。また親や身近な人々の名前、父称（ミドル・ネーム）、その人々の職業を理解します。こうして自分の家族やそれぞれについての表象ができることによって、子どもは家族内での自分の位置を理解していくのです。

子どもの性自認は特別な意味を持っていますが、それは「私」についての「像」の一部ですね。性自認の過程は家族だけではなく、同じ年ごろの子どもたちを通してできあがっていきます。[26]「男の子」「女の子」という呼び方の理解が進みます。性別に関わるような質問をしたがる好奇心は、この年齢では当然のことであり、大人は質問に対して子どもが満足できるような正しい答えをするべきでしょう。[27]

地名の知識は、散歩する場所だけに限りません。就学前児は通りの名称がわかりますし、近くのお店や子ども広場への行きかたを知っているのがふつうです。この時期になると、時間や季節の変化について正確な表象を持っています。つまり、四季や曜日です。子どもたちの生活は動物や植物についての情報や、自分についての表象、自身の生活上のできごと、自分のしている活動や社会的な生活のできごと、等々の表象で子どもの生活は満ちています。[28]

24 エリコニン D・B「児童期の精神発達」フェリドシュテイン編『心理学著作選』モスクワ ヴォロネジ出版社 1995

25 アヴデーエワ N・N、シルヴェストル A・I、スミルノワ E・O「生後から7歳までの子どもにおける自分自身に関する表象の発達」『養育、教授および心理発達』上・下巻 モスクワ 1997 上巻 11—15頁

26 レーピナ T・A「幼稚園のグループと、男の子・女の子の社会化の過程」『就学前教育』誌 1984 第4号 34—38頁

27 ムーヒナ V・S『児童期と青少年期の心理学』(前書)

28 コズロワ S・A「「私は人間」子どもを社会に参加させるためのプログラム」『就学前児教育』誌 1996 第1号 59—66頁

研究者たち[29]の意見によれば、周囲の人々や物的な世界についての表象が拡大していくのは、記号-シンボルを用いる活動を形成する過程です。個体発生では、このような活動が形成されるのは、子どもと身近な大人との相互やりとりが密に行われる条件下であり、子どもが社会的な経験や社会的行動の決まりを獲得する過程を調整するいろいろな社会的システム（記号-シンボル、身ぶり、図示、言語）が関わっているときです。

就学前児は、記号-シンボル活動の第2ステージにいますが、そこでは子どもにとって記号という手段を利用する自由と能動性が蓄積し変化します。それは、非常にはっきりとした機能的な代理をしたり、あるいは自分が何かの役割を引き受けることを伴うような主題-役割の獲得が行われる時期です。

遊びの中で子どもは、モノの意味を知り、そのモノの代理物の名前を知り、自分にとっての新しい意義を広げ、以前とは違った新しいモノをつくりあげます。描画活動では、紋切り型の絵（リボン、道、柵、太陽などの絵）から主題のある絵（お外で、海で、旅行で、というような場面）に移っていくのがわかります。子どものしていることの内容（描画、粘土、組み合わせ、アップリケづくり）が示しているように、子どもたちは大人の生活に敏感に反応し、芸術・技術活動の助けをかりながら社会的な空間を実際的に獲得していきます。

多くの研究者たち[30]が述べているように、就学前児の社会的な行動の特徴は、動機にしたがっているという点であり、動機こそがその子どもの行動を一定の方向で行わせているのです。おもちゃを与えたならば、取り上げる必要はありません。個人的な動機の上に社会的な（ソーシャルな）動機が獲得されると、それは子どもが社会における行動のきまりを守ることにプラスに作用しますが、社会的な動機に対して個人的な動機が上塗りされると、それは深刻な行動の障害となってしまいます。自分の動機を社会的ノルマに従わせるスキルは、大人が演示してみせたり、説明してみせたりすることによってはじめて形成されるのです。

大人は、子どもにとって行動の原器ですし、大人の立ち合いのもとで試される適切な行動は、道徳的な発達の最初の一歩です。

行動のノルマや決まりを習得したということは、社会的な現実領域を子どもが習得したことを証明しています。でも、就学前年齢では無自覚的な行動の場面もあります（衝動的な場合、気ままな場合）。そのようなとき、子どもは目的もなくおもちゃをいじくり回し、置き場所をあちこち変えたり、壊してしまったりします。

以上のように、社会的に発達していく過程で、就学前児は次にあげるような社会的に意味のあるスキルとその習熟を獲得していきます。

29　ヴィゴツキー　L・S、ヴェンゲル　L・A、ムーヒナ　V・S、サルミーナ　N・G、サポゴワ　E・E他

30　ムーヒナ　V・S、ニェポムニャシャヤ　N・N、ルースカヤ　A・G、スミルノワ　E・O他

・知っている大人や友だちと会ったときにも、別れるときにもあいさつができる。
・他人のしてくれた骨折り、プレゼント、御馳走に対してお礼が言える。
・知っている場所でもそうでない場所でも、その場にふさわしい行動ができる。
・知っている人、知らない人に対して好意的に向き合い、周囲からの自分に対する好意的、非好意的なかかわりに対して適切に向き合える。
・遊びでも、同じ年ごろの子どもたちの共同活動でもパートナーでありえる。また友だちに対して、いっしょに遊ぼう、実際的な活動をしよう、と頼んだり、もちかけたりできる。
・おもちゃを片づける、動物にえさをあげる、生きものコーナーの草花に水をあげる、ごみを捨てる、テーブルを整える、食器を洗う、幼稚園やお家のそうじをする、などを大人から求められたら、すすんでそれに応える。
・大人たちの仕事を尊敬し、その成果をうれしく思う。
・自分のふるまいや行為に初歩的な批評をする。
・周囲の大人や同じ年ごろの子どもたちの気分の変化に気づく。
・周囲にいる同じ年ごろの子どもたちや大人たちに話しかけ、対話を続ける。
・対立場面が生じた時に解決方法を求める、相手の子に譲る、侮辱に対して受け流す。

この時期の就学前児の教育に重要な社会的‐養育的な役割を果たしているのは、家庭のほか、就学前の教育機関ですね。同じ年ごろの子どもたちや先生たちとの相互やりとりは新しい大人や友だちと共同する習慣が形成されることによって達成されます（必要不可欠な手段、たとえば指さし、意味づけ、取り出し、依頼、あいさつ、などに習熟していること）。また、身ぶり（指さし、「〜に、」「ちょうだい」「またね」「はーい！」「私」など）を示すスキルがあること。そして日常生活の中で適切な行動がとれること（グループ遊び、「子ども広場」での活動、など）。さらには、日課が守れること、です。子どもたちは、清潔さ、身辺自立の習慣を獲得します（着脱、手洗い、髪の手入れ、大人の手を借りながら、あるいは自分ひとりで自分の所有物を棚にしまうことができるようになります）。

社会的に発達しながら就学前の子どもたちには、モノやことばを使ったコミュニケーション、非状況的-認識的、非状況的-個人的な形式のコミュニケーションの利用が可能になります。子どもたちは能動的に日常の中で同じ年ごろの子どもや大人たちと社会的につながる方法を利用します。身ぶりで、指示、あいさつ、さようなら、おねがい、などをしたり、ことばをつなげて言ったり、テーマのある絵を描いたりします。子どもたちには段階的に、模造品、見本、ことばでの指示にしたがった行為が形成されます（それは社会的な経験を獲得する方法です）。

ほとんどの場合、就学前の子どもたちには自分自身についての表象ができています（名前を呼ばれて反応したり、鏡に映っている自分がわかり、身体の部分を示し、その役割を知っています）。また子どもたちは自分について知っています（名前、姓、住所など）。そして人々や物的な世界についての表象があります（同じ年ごろの子どもや知らない人々に関心を示します）。自分の親の名前や、していること、職業なども知っていますし、周囲の人々に対して、自分の感情を表現し向き合おうとします。同じ年ごろの子どもたちと交流します。この年齢期の子どもたちには、大きな位置を占める活動がいくつかあります。それは子どもに典型的な遊び活動（お絵かき、組み合わせ、ねんど、アップリケづくり）ですが、それは学習活動の初歩でもありますね。

就学前期のソーシャルスキルの中で最もはっきりと示されるのは、家庭や同じ年ごろの子どもたちとの間でなされるコミュニケーション行動、調整的行動ですし、身辺自立や清潔の習慣です。このように、それぞれの年齢段階におけるソーシャルスキルは、その年齢に新しい心理学的な形成物を築いていく過程に組み込まれるのです。ソーシャルスキルは、同じ年ごろの集団に参入していく準備であり、相互やりとりに対する前向きなプラスの調整（好ましい人格資質の重要な一つ）を発揮していく準備であるのです。

同じ年ごろの子どもたちとのコミュニケーションが困難なままの子どもたちもいるでしょう。でも大人は自身の体験をもとにして、いつでもコミュニケーションの習熟を身につけさせるための選択肢を見付けることができますし、それを応用する場面を子どもにわかりやすい形で演出することができるでしょう。

いろいろな場面で子どもに自主性を育む方法の一つとして、卓上でするカード遊びがあげられます。[31] カード遊びや昔ながらのポータブルゲームも、デジタル・ガジェットや現実と仮想的に接するゲームに負けるとも劣りません。ソーシャルスキル（パートナー役、リーダー役、補佐役になったりすること）

を獲得する実体験の価値は、現実生活とは全くつながっていない仮想光景の価値とはそもそも比較することなどできません。

31　ブトゥーゾワ　T・Yu・「ルールのある遊び。さまざまな認識発達レベルの就学前児の共同遊び活動を形成する」『就学前教育』誌　2016　第3号　21―26頁

第2章 遊びでソーシャルスキルを身につけましょう

広く認められているように、子どもたちにとって大人は、新しい心的体験や多様な教育的影響の発信源です。大人は周囲の空間を整え、子どもの関心をいろいろなモノや、その扱い方に向けようとしています。まぎれもなく大人といっしょに遊んでいるときに、赤ちゃんは社会的な世界を知る最初の試みをしています。はじめはいっしょに品物やおもちゃを手で調べることをし、次にそれらを用いた遊び行為をします。大人は、あの手この手でその成り行きを励まし、この時間が長く続くようにしていますね。

でも、遊びの場面がいつも思うように発展するとはかぎりませんので、そんなとき大人は特別な手をいろいろ使って、子どもが情動面でも運動面でも、おもちゃを能動的に使えるように支えなければなりません。子どもとおもちゃとの相互やりとりがうまくいくようにするには、どのような姿勢が子どもにとって一番良いかを探ることです。床に寝るか、腰かけるのか、立っているのがよいか、を探ってみましょう。赤ちゃんの注意を保ち、遊びの教材を使ってみたい、と思わせるためによく用いられるのが「おとなりさん」遊びですが、それは大人自身がモノを扱う行為を隣でしてみせ、知らず知らずのうちに子どもを遊び場面に巻き込んでしまう方法です。子どもを遊びに誘う方法は他にもいろいろありますね。たとえば共同でおもちゃを使う方法です。このとき大人は両手で子どもに働きかけ、今やっていることにことばを添えます。遊びの始まりは、それは遊び方を大人がやってみせることなのかもしれません。大人がやってみせた後、「手渡し」が始まり、その後は何度もおもちゃをいっしょに操作しながら、大人といっしょにいたいという子どもの気持ちを呼び起こし、ついには子どもが遊び場面のいろいろなモノに自分ひとりで働きかけるように促すことができます。

1 コミュニケーションのスキル

(1) コンタクトをとりましょう――大人への信頼と、大人との相互やりとりのスキル

遊ぶ場所と姿勢を選びましょう

とても幼い子どもたち（1歳未満児）とは特製のテーブルかベッドで遊ぶとよいでしょう。それよりも年長の子どもたちなら「遊びコーナー」がよいでしょう。

もし子どもが1歳を過ぎても何らかの原因で[1]、歩き始めていない場合でも、床の上で遊ぶ方がよいでしょう。

あなたは隣に横になって、子どもの顔を自分の方に向けさせたまま支えることができます。もし

1　手術後であったり、重い頭部外傷であったり、社会的、運動的、知的発達の著しい困難さによる場合。

子どもがあお向けになっていたら、子どもにおおいかぶさるようにして顔と顔が向き合うようにします。もしも子どもが腹ばいになっていたら、あなたも腹ばいになり、胴体を手の肘を立てながら、あるいは肘を支えにして、もたれ座りをし自分の顔を子どもの顔に向けるようにします。あなたの顔と子どもの顔は30センチぐらい離れるようにしましょう。

床の上には運動用マットか、厚手の毛布、または中ぐらいの厚さのマットレスを敷くとよいでしょう。

歩けないけれど座ることができるお子さんであれば、床に座りながらその子と遊ぶこともできます（ごく幼い子どもの場合）。少し年長の子どもならば、隣に腰かけるのが都合よく、一番よいのは児童用机に向かって腰かけさせることですが、他の工夫もできます（たとえば、ソファに座るのもよいでしょう）。

子どもによっては何らかの理由で（前注）背もたれが用意されますが、それを使うだけで、まっすぐに保つこともできます。自分で手を上げたり、おもちゃを取ったりすることができないときがありますし、自分では頭を大人の方に向けられないこともあ

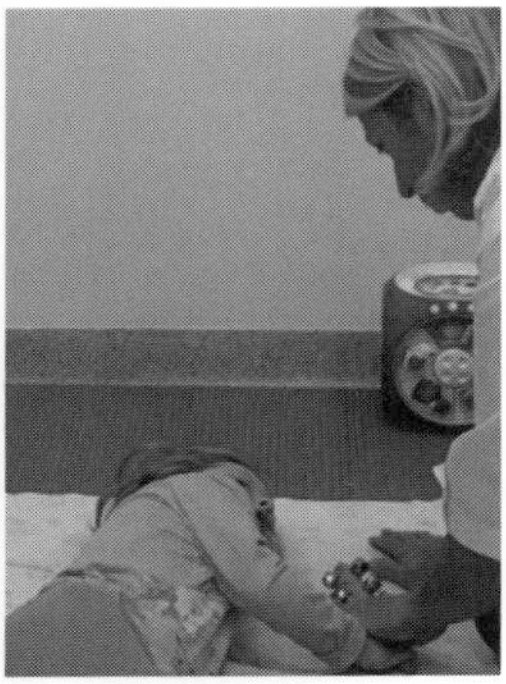

床の上で

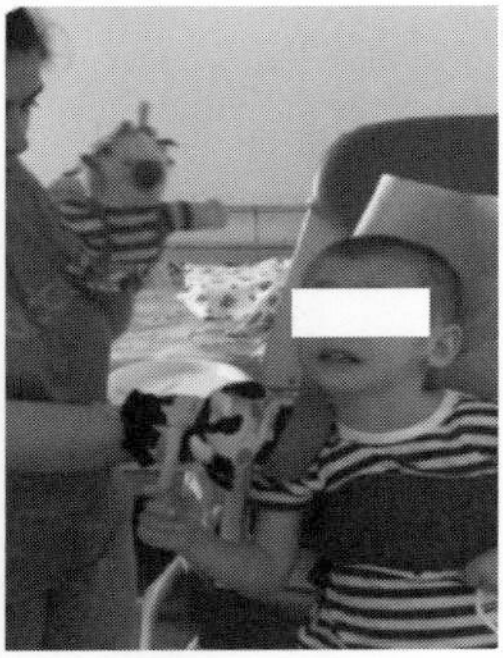

背もたれに支えられて

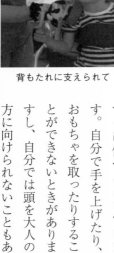

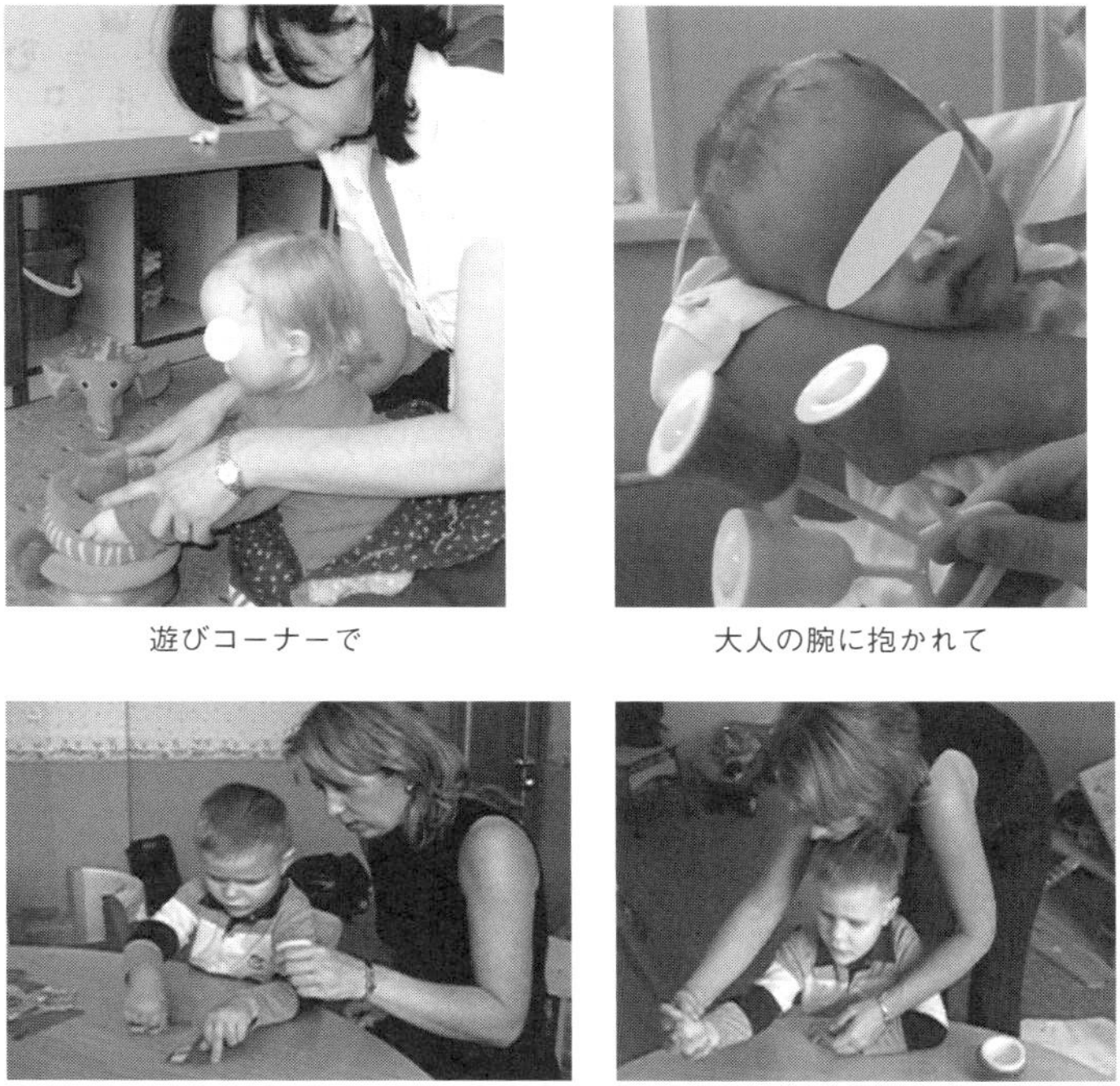

遊びコーナーで　大人の腕に抱かれて

大人が隣に腰掛け、子どもは自力で　机に向かって

図 2.1　遊びの場所と姿勢

ります。このような子どもには運動や動作を行うために支援が必要です。あなたは、いろいろな運動や、いじくり遊びや、遊びに必要な行為を子どもができるように支援してあげられますね。その子の手を持ち上げたり、手のひらをおもちゃの方に向けたり、指を広げておもちゃを取らせたりするのです。また子どもの頭を自分の方に、あるいはおもちゃの方に向けてあげたり、それから短時間その方向に固定してあげたりすればよいのです。このような

方法によって子どもが目と手の機能を協応させせることができるようになります。（図2・1）

遊ぶための用意をしましょう

遊ぶためには次のようなおもちゃがあるといいですね。

1　よく響く楽器のおもちゃ（すず、ベル、音の鳴るボール、おきあがりこぼし、笛、鳥笛、ラッパなど）
2　主題のあるおもちゃ（熊などの動物おもちゃ、犬、人形、自動車、SL、など）
3　考えさせるおもちゃ（クリスマス・ツリー、ピラミッド式の積み重ねコップ、マトリョーシカ、ピラミッド積み木、型はめ板、など）
4　いろいろな大きさのボール（直径4センチから10～15センチぐらいまでのもの）
5　具体的（道具的）に使ったり補助的に用いるためのもの（木づち、棒、シャベル、スプーン（大・

積み重ねコップ

ピラミッド積み木

小）、網（小さいもの）。プラスチックの容器。えんぴつ。おなべ、粒状のものを入れるための深めのお皿やボウル（２～３枚）。リボンなど）。

気をひいて、目をあわせましょう

子どもを自分の方に向けたり、その子どもの注意をひきつけたりするために、社会的、認知的な能動性を刺激するやり方がありますよ。それは子どもの年齢と可能性によっていろいろです。どのような相互やりとりも、その始まりは、気持ちを込めて名前を呼んだり、運動や動作を活用したり、その過程に子どもを巻き込んだりすることからですね。満１歳になった子どもは、たいてい大人を見つめ、いじくり遊びのレベルでモノを扱い、その使い方をまねします。つまり、揺らしてみたり、たたいてみたり、投げてみたりします。もう少し大きい子どもたちは、車で遊ぶことも、お人形に食べさせたり、ベッドに寝かせたりすることも知っています。モノを教えたり、絵の色を正しく言ったりすることができる子どももいます。でも、そのようなことがうまくできない子どもたちもいますね（その理由は、手術後であったり、重度の頭部外傷であったり、社会的、運動的、知的発達の著しい困難さだったりです）。このような子どもたちは運動機能の獲得や認識的な発達でも困難さを味わっています。ですから大人はこのような子どもたちのために受容的な状況を工夫し、周囲の現実世界を認知できるように特別な方法を見つけましょう（図２・２）

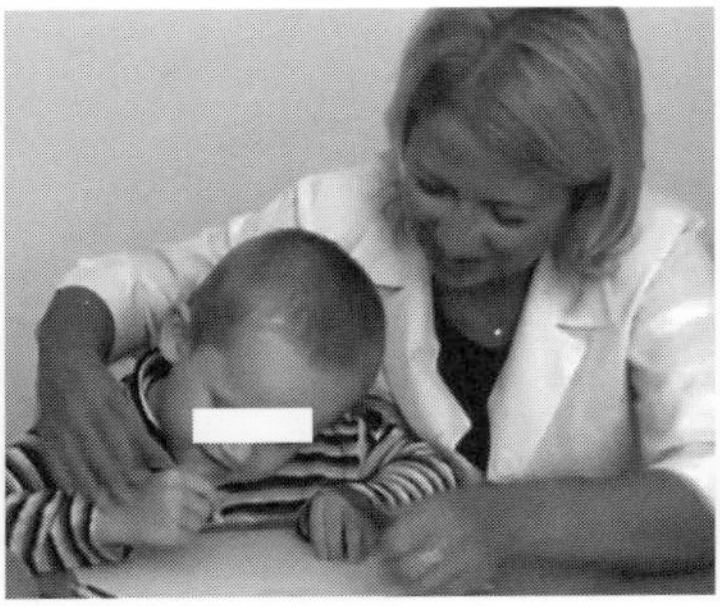

共同行為

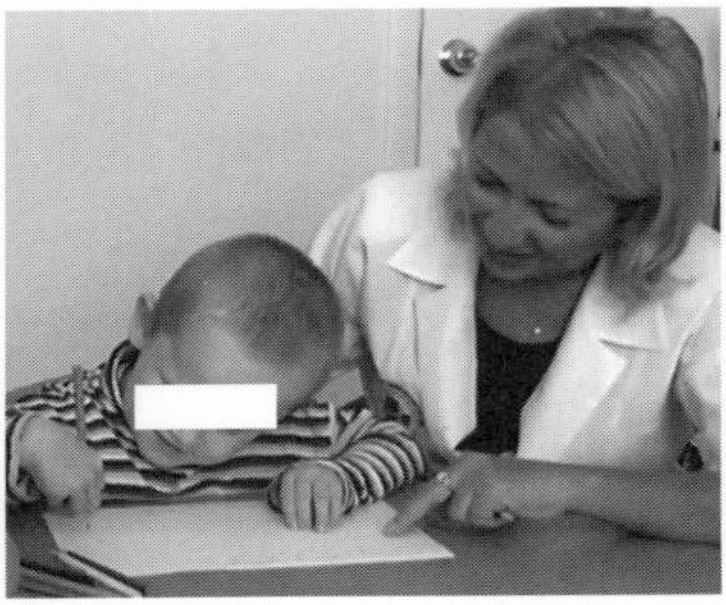

ひとり行為を大人が調整

部分的な共同行為（できないところのみ）

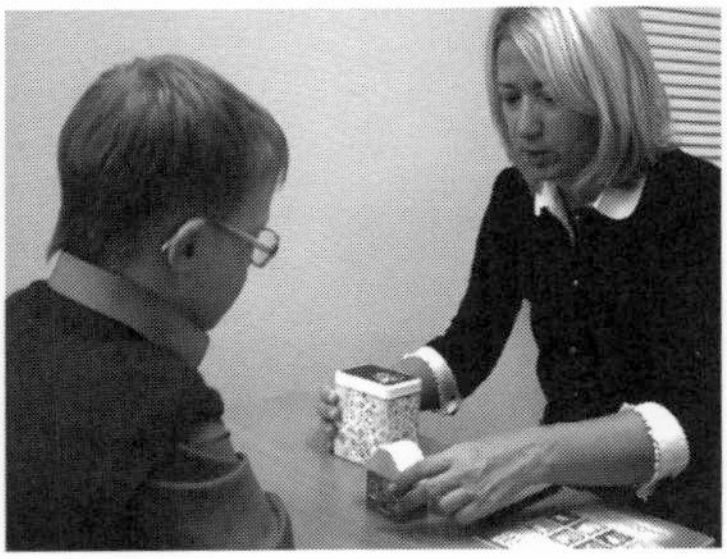

遊びの演示のみ

図 2.2　受容的な遊び場面――共同行為をつくる方法

場合によっては大人が自分の両手を使って子どもの動きや行為を媒介することがありますが、それは子どもにいろいろな反応（情動的、運動的、音声的な反応）を引き起こそうとするためです。はじめは慎重に子どもの姿勢を変えるようにしてみます。子どもの向きを変えてみたり、両手を使って動きをしてみせたりします。たとえば、子どもの手をおもちゃに届くようにしたり、おもちゃを子どもが両手で持てるようにしたり、おもちゃを子どもの顔に近づけたり、そしてようやく子どもといっしょにモノを使った遊び行為をするのです（リズムにあわせてたたいたり、手で揺らしたり、振ったりして音を鳴らします）。

もし子どもが自分ひとりでおもちゃを取り、持っていることはできるけれど、それからどうしてよいかわからなかったならば、『（子どもの）**手に**（大人の）**手を添える**』**共同行為**を取り入れることもできます。大人はそのおもちゃを子どもの手に持たせて、その名前を言い、登場してくるときに音声をつけます（たとえば、「これは、熊のミーシカよ。ミーシカは、のっし、のっし、のっしとお客に来ましたよ」）。さらに、子どもの両手を使って遊び行為をします（そのおもちゃをいろいろな方向に頭を下げさせ、位置を変えては、まるで熊のミーシカが「やって来た」ようにするのです）。その後で大人はことばによって元気づけ、子どもがもう一度ミーシカと遊ぶように、つまり遊び行為を繰り返すように促します。

その子どもがおもちゃを使った遊び方を理解できるのなら、**大人はモノを使って遊ぶ行為を演示すること**がよいでしょう。まず子どもの注意をおもちゃの扱い方に向けさせ、その後でやってみるよう子どもに任せてみるのです。同じことをして、と。「ねえ、私と同じようにやってみて」と。このような遊びによって、子どもたちは自分のおもちゃに向かって働きかけるようになります。子どもは大人の行為を見て**大人の模倣をします**。

遊びの例

①ぽっぽー、ぽっぽー

両手のひらで自分の顔を隠し、その後、手をひらいて、（鳩時計のように）『ぽっぽー、ぽっぽー』と言ってみましょう。

☺［子どもの反応］　気持ちから反応し、あなたを見つめて、両手をあなたの顔にのばして、あなたの顔から手を離させようとし、声を出すか、何かことばを発しています。

◇次へつなげよう！◇　何回か、この遊び行為をくりかえし、子どもが自分でも同じようにするように手をかしてあげます。

☹［子どもの反応］　あなたの顔も見ないし、遊び行為にも反応しません。

◆こうしてみたら！◆　子どもの両手をとって、遊び行為をするように助けます。顔を隠し、それから手のひらをひらきます。そのとき、『ぽっぽー、ぽっぽー』と言いましょう。

②そよかぜ

子どもをひざにのせ、顔と顔をあわせます。子どものおでこに20～25センチぐらいの距離から息を吹きかけます。背中を支えるか、両手をとるかしましょう。そして言います。『フー、フー、そよかぜよ！』

☺**［子どもの反応］**あなたの顔を見て、気持ちから反応しています。ほほえんで顔をそむけ、声をあげたり、ことばを発し、両手で顔を隠します。

◇次へつなげよう！◇何回か遊び行為をくりかえし、自分の顔を子どもの顔に近づけます。あなたのくちびるの動きを子どもがくりかえすように促します。子どもがおもちゃのラッパをとり、空気を吹き出すように促します。

☹**［子どもの反応］**顔をそむけ、あなたの口を閉じようとさせ、怒って、逃げようとします。

◆こうしてみたら！◆空気が抜けてへなへなになったふうせんに息を吹きこみ、子どもの気持ちがふうせんをふくらませることに向くようにします。子どもの肩をもって背後からふうせんに向けて息を吹きこむのもよいでしょう。こう言うとよいでしょう。『フー、フー、風だ！　ふうせんよ、飛んでいけ！』

③ガラガラ
子どもの顔から20～30センチぐらいのところで、ガラガラを見せます。ガラガラをリズミカルに振ってみせ、音に注目させて、左から右へ動かします。その子が目でどのようにガラガラを後追いするかよく見てください。そして話しかけてみましょう。『ガラガラよ、ジンジン！　さあ、やってみて』と。

☺［子どもの反応］　ガラガラを使った遊びに前向きに反応しています。注意深くあなたのしていることを後追いし、手でガラガラをつかもうとし、手にとって、そして、鳴らそうとします。（ときにはって口に持っていきます）。そしてほほえんで、あなたを見ています。声をあげたり、ことばを言ったりするかもしれません。

◇次へつなげよう！◇ガラガラを使った遊びをくりかえします。それを子どもに渡して、気持ちを元気づけながら、子どもが『ジンジン』とガラガラを鳴らすように促します。

☹［子どもの反応］　あなたにも、あなたの行為にも注意を向けてくれませんし、目でガラガラを追いませんが、ちらちらとガラガラを見ています。手でガラガラを押しのけ、そっぽを向いていたり他のものに気をとられたりして、あなたのことばにも反応しません。

ガラガラ

◆こうしてみたら！◆リズミカルにガラガラをふってから、『ジンジン』と言いながら子どもがガラガラを取れるように手伝って、子どもの手の中にガラガラを置くようにし、ゆっくりその子の指をひらいていきます。さらに子どもの手で、この遊び行為ができるようにしてみましょう。こう話してください。『ガラガラよ、ジンジン！　鳴らしましょう！』このような遊び行為を２～３回くりかえし、ガラガラを子どもの左手にも、右手にも持たせるようにしましょう。

④私を見てちょうだい

子どもをひざにのせ、顔をあわせます。背中を支えるか、手を取って左右にゆっくり揺らします。それから顔を子どもの顔に20～25センチまで近づけて、目と目を合わせます。そして言います。『赤ちゃん、私はここよ！　ゆーら、ゆーら』

☺**［子どもの反応］**あなたの顔を見ていますし、気持ちから反応しています。微笑んだり、声やことばを発しています。

◇**次へつなげよう！**◇この遊び行為を何度かくりかえし、毎回、その子どもを抱きしめてあげましょう。

☹**［子どもの反応］**あなたの顔を見ずに、泣いていたり、ひざからずり降りようとしたり、あなたの手から逃れようとしたりします。

◆こうしてみたら！◆少し子どもを両手から離したり、左右の揺れを軽くしたりするか、あるいは、あなたの膝の上で、たかい・たかいをしてみましょう。

そして語りかけて下さい。『赤ちゃんはどーこ？　ここでーす！　ゆーら、ゆーら！』とか『赤ちゃんはどーこ？　ここでーす！　ピョン、ピョン！』

⑤熊のミーシカはどこ？

子どもにおもちゃを見せます。熊のミーシカ（車、人形）です。ミーシカにプラトーク*をかぶせてあげましょう。こう言って下さい。『プラトークをミーシカにかぶせてあげましょう。かぶせました。ミーシカはどこ？』プラトークの端をつまんで、ぬいぐるみからプラトークを取ります。『いたぁー。ミーシカを見つけたよ！』と言いましょう。

☺**［子どもの反応］**あなたのすることをよーく見ています。ミーシカを手に取ろうとします。くりかえしてプラトークをかぶせていると、自分でプラトークを取ります。ほほえんで、あなたを見つめ、声やことばを発します。

◇次へつなげよう！◇この遊び行為をくりかえします。ぬいぐるみをプ

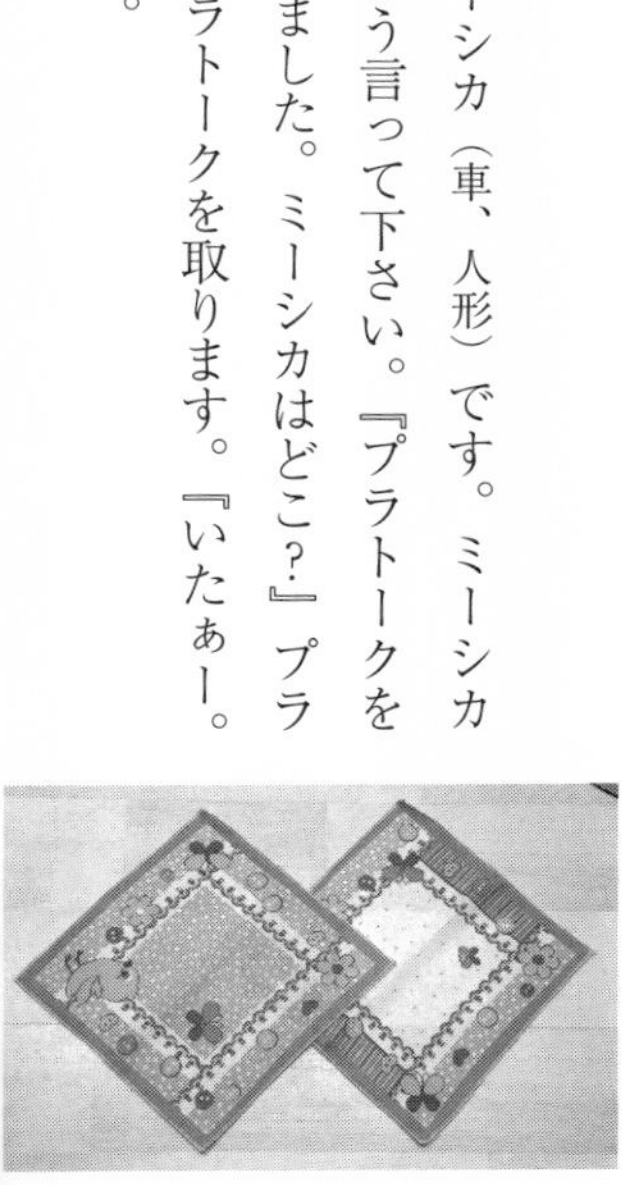

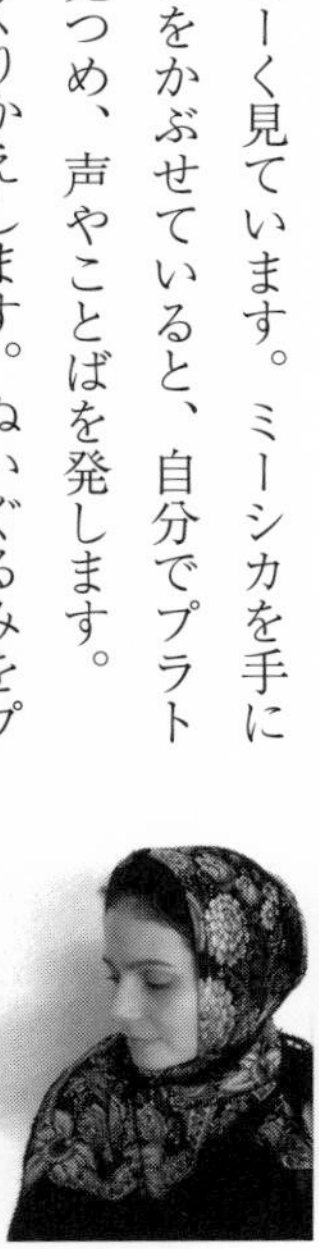

プラトーク

ラトークで隠し、子どもにミーシカを見つけてもらうのです。その次は別のおもちゃを使ってやってみるとよいでしょう。

☹［子どもの反応］あなたのしている行為を目で追うことなく、そっぽを向いています。あなたがぬいぐるみにかぶせるまで待てず、プラトークを奪い取ろうとします。くりかえしてプラトークをおもちゃにかぶせているとあなたの手を押しのけ、怒ります。

◆こうしてみたら！◆ 熊さんを両方の手のひらでかぶせましょう。そして言ってください。『熊さんがいなくなっちゃったわ。どこにいる？』両手を開いて言います。『ほら、ここにいる！』

⑥あかちゃんはどこ？

子どもの頭にプラトークをかぶせます。こう言います。『ローマ＊＊くんがプラトークで見えなくなっちゃった！』

そしてプラトークの端を引っぱります。こう言うのです。『ほら、ローマくんがいた！』

もう一度、子どもの頭にプラトークをかぶせ、ききます。『ローマくんはどこ？』

＊訳注　ロシアのスカーフ、ネッカチーフ
＊＊訳注　男の子の名前

☺［子どもの反応］はじめは固まってしまいますが、その後、頭を左右に回し、笑いはじめ、頭からプラトークを取り去ります。

◇次へつなげよう！◇同じ遊び行為をくりかえします。子どもが自分一人でプラトークを取り、顔を出すことができるように心をこめてはげましします。

☹［子どもの反応］プラトークをつかみとったままで、それを頭にかぶせてもらうまで待っていられません。あなたの話すことをきかず、プラトークを手に取ろうとします。くりかえして頭にプラトークをかぶせようとすると、大人の手を押しのけ、怒り出します。

◆こうしてみたら！◆両手を取り、子どもの頭ではなく、おもちゃ（たとえば、ぬいぐるみのミーシカにプラトークをかぶせます。そして話しかけてください。『ミーシカを見つけたよね、どこにいるかしら？　今度はローマくんを見つけなきゃ』

そしてもう1回、子どもの頭にプラトークをかぶせてみます。その子どもの反応を待たずに、すぐ頭からプラトークを取り去ります。こう言うのです。『ほら、ローマくんだ！』

子どもの両手を取りながらいっしょに遊び行為をすることもできるでしょう。

⑦ボール

子どもに小さめのボールを見せます。それを片手からもう一方の手に移し、床に落とします。そこで言って下さい。『ボールを見て！　落ちちゃった！　ボールを取ってちょうだい！』

☺**［子どもの反応］**ボールとあなたのすることを注意深く見ています。ボールを追って手で取ろうとしています。そのときほほえんであなたを見つめ、ボールを渡し、もう1回やってとあなたを促します。

◇次へつなげよう！◇ボールを使ったこの遊び行為をくりかえします。もう一度、ボールを床に落とし、自分にボールを渡してくれるように子どもに心をこめて促します。

☹**［子どもの反応］**あなたやあなたのしていることに注目しません。ボールをちらっと見ますが、取ろうとしません。そっぽを向いているか、別のモノが気になって、ほめても反応しません。

◆こうしてみたら！◆床の上にボールを置いてみせ、それを手に取り、2～3回、左手から右手、右手から左手に持ち替えます。ボールを持って子どものところに手を伸ばし、心をこめて子どもが手に取るように促します。『ボールよ、ころがしてみて！』子どもの手をボールに触れさせてください。両手でボールを持てるように助けてあげてください。くりかえして誘ってみましょう。『ボールよ、ころがしてみて！』と。

（2）名前を呼ばれたら返事をしましょう──「私」イメージの形成

誰でも知っているように、私たちは名前を呼ぶことによって他の子どもたちからその子どもを区別していますね。子ども自身も自分の行為を自覚し始めるや否や、自分の名前を自覚します。幼いときのそのような行為とはおもちゃを手で操作することですが、とくに幼い子どものときは、モノを用いた遊び行為（モノ-遊び行為）などです。自分の名前に対して情動的・運動的に反応し始めるのは、自分にとって意味がある、おもしろいモノ-遊び活動の発達と同じときです。子どもは、大人と同じように自分もしなければ、と理解し始めるとすぐに『自分ひとりで』というモチベーションが現れ、やがてそれが目的のある行為を自主的にしようとする志向の発達につながっていくのです。

大人といっしょによろこんで遊ぶ子どもたちは、自分の名前が呼ばれるとプラスに反応するのがふつうです。子どもたちは顔を向けたり、自分を呼んだ大人を目で捜したり、大人の方に向かって何らかの動作をしたりすることができますし、声やことばを発し始めたりします。なかには大声で、高ぶったトーンで呼ばれると、自分の名前に反応するような子どももいますね。

でも注意力や認識力の過程が弱まっている子どもたちにとって（その理由は、手術後であったり、重い頭部外傷であったり、社会的、運動的、知的発達の著しい困難さであったりしますが）、音声の出所に集中することができずに、いろいろな音声の中から自分に意味のあるもの、すなわち自身の名前を聞き分けたりすることが困難なのです。

はじめのうち、子どもに名前の言い方を覚えさせようとしているときは、いつも同じように呼び方を決めておくとよいでしょう。それから、だんだん自分や遊び場面に注意を向けさせるようにその子どもを短い愛称表現で呼びます。子どもが名前を呼ばれてもあなたの声に反応しないという状況にならないようにするために、その子にピッタリのモノ-遊び行為で「反応（返事）」を補強してあげるとよいでしょう。遊びの相互やりとりから気持ちやよろこびが表出されることを忘れないようにしましょう。

遊びの例

①こっちへおいで

両手で子どもを呼び寄せ、その子の名前を言います。こんな風に言ってください。『アントーシャ（子どもの愛称）、こっちへおいで！』それから子どもを抱いて、おもちゃを示し、遊ぼうよ、ともちかけます。

☺［子どもの反応］動きでも気持ちでもあなたの声に反応しています。目であなたを捜し、顔をあなたの方に向け、こっちに向かってきて、ほほえみます。もしかしたら、声を発するかもしれません。

◇次へつなげよう！◇ 誘うような身ぶりをくりかえし、子どもの名前を呼び、おもちゃを渡し、それで遊ぼうともちかけましょう。

☹**［子どもの反応］** あなたの声に反応しません。

◆こうしてみたら！◆ もう一度、呼んで、おいで・おいでをします。おもちゃ箱を子どもの見えるところまで持ってきて、モノ-遊び行為をするか、子どもの手におもちゃを渡して、いっしょにそれを使って遊び行為をしましょう。こう話しかけてください。『アントーシャ、おもちゃよ！アントーシャは遊びまーす』

②おーい！

子どもの背後に立って、まず左の肩越しに次に右の肩越しに顔をのぞきこむように見つめます。そして、こう言って下さい。『アントーシャ、おーい！』と。子どもの肩を抱き、笑ってあげましょう。

☺**［子どもの反応］** 身体も気持ちもあなたの声に反応しています。左の方へ、そして右の方へ頭を回します。あなたの顔にくっついてしまうかもしれません。笑っています。

◇次へつなげよう！◇この遊びを何回かくりかえしましょう。

☹［子どもの反応］あなたの声に注目していません。

◆こうしてみたら！◆場面を変えましょう。子どもの左側か右側に来て、自分の手で子どもの頭を自分の顔にくっつけます。そして言って下さい。『アントーシャ、おーい！』

バリエーション　子どもと向かい合います。両手で自分の顔を隠してから、手のひらを開いて、こう言います。『アントーシャ、おーい！』（これは、ぽっぽー、ぽっぽー遊びの変型ですね）。

③でこぼこ、でこぼこ

お子さんはあなたのひざの上にのっています。両脇を手で支え、リズミカルに両ひざを上げたり、下げたりします。こう言ってください。『でこぼこ、でこぼこ、平らな道です。アントーシャが穴にはまっちゃった。ストン！』

それから子どもといっしょに身をかがめるようにして、お互いに抱き合います。

☺［子どもの反応］身体も気持ちもあなたの声に反応し、笑っています。

◇次へつなげよう！◇この遊びを何回かくりかえします。

☹【子どもの反応】怒って、あなたの両手を押しのけ、逃れようとしています。
◆こうしてみたら！◆両ひざでリズミカルな動きだけをします。こう言って下さい。『アントーシャ、アントーシャは、でこぼこ道ではねています！』と。

④鏡

子どもといっしょに鏡の前に座ります。身ぶりで鏡に映っている姿に子どもの注意を向けてください。

こう言います。『これはアントーシャ、で、これは私（ママ）よ。アントーシャはどこにいる？教えて』

子どもの肩に手をおいて、はげましてください。

☺【子どもの反応】身体も気持ちも鏡に映った姿に反応し、あなたの身ぶりをまねして、鏡に近づき、ほほえんでいます。

◇次へつなげよう！◇この遊びを何回かくりかえしましょう。

☹【子どもの反応】鏡にも、大人のしていることにも反応を示しません。
◆こうしてみたら！◆子どもに小さな鏡を渡してください。身ぶりで子どもの注意を鏡の表面と自分の顔が映っていることに向けさせてください。子どもの視線をよく観察してください。そしてこう言ってあげます。『ここにアントーシャがいるね！』

（3）大人をよく見て、同じようにしてみましょう――他人のしていることについての表象形成

大人に注目したり、大人のしていることを後追いすることは重要なソーシャルスキルの一つであり、子どもはそれをいろいろな種類の活動を通して獲得していきます。1歳未満児にとってこのスキルは、情動的・個人的なコミュニケーションの過程でモノをいじることやモノで遊ぶ行為の基礎になっています。もっと上の年齢になると、大人に注目したり、大人のしている行為を後追いするスキルが後の発達や教育が上手く進む元手となるのですが、その基本は子どもとの共同遊びや生産的な種類の活動です。

なかには、このようなスキルを特別に考えていかなければならないお子さんたちもいますね（手術後や、重度の頭部外傷の子どもや著しい社会的、運動的、知的困難さのある子どもたちです）。でも力相応のわかりやすい教育手段を用意すれば、子どもたちは発達のすべての段階を習得していきます。

まずはじめに用いられるのが、共同遊び行為の方法です。大人は両手で子どもといっしょに遊びます。そして子どもに身ぶりでおもちゃを示すことを教えます。つまり身近にあるモノを知ったり見分けたりするのです。子どもはおもちゃの名前をきいて知り、大人がそれらをどのようにいじっ

ているか、どのようにそれを使って遊び行為をしているかを見ています。より注意深く大人への関心を子どもが示し始めたとき、すでにそのおもちゃを後追いするようになり、大人がそれを扱っているのを長い時間後追いすることができるようになっていきます。模倣のレベルに移行していますね。子どもは、大人のようにやってみたい、という能動性を発揮します。子どもが模倣手段を習得するのは、モノ-遊び行為か、あるいは日常生活においてですが、すでにおもちゃやモノを手に取ったり持っていたりすることができるのであれば、モノによって周囲の空間を変えることができるのだ、と子どもは理解するでしょう。

大人や、大人がモノを扱う行為に注意を向けるのは遊びだけではなく、描画や組み合わせの過程でも同じです。子どもたちは、ガラス面に色を塗るのを見ていたり、ハケで太い線にしたり、紙面にフェルトペンで色をつけたりすることをおもしろがります。もし遊んでいる子どもの目の前にブロックでできた塔や柵を立てたならば、それらを車や人形を用いた遊びに含め、いつもどおりですまさず、大人がもちかけた遊びを受け入れます。モノとの相互やりとりの始まりです。

遊びの例

①ハーイ、こんにちは！

子どもにむかって手を伸ばします。指で子どもの手のひらを取ります。『ハーイ、こんにちは！』

と言って下さい。

お人形を登場させます。子どもが人形に握手でご挨拶するように、ご自分を例にしてやってみせてください。

☺［子どもの反応］　あなたのあいさつに身体で反応し、あなたの顔を見て、手を伸ばしながら、あいさつするようなしぐさをします。

◇次へつなげよう！◇　いろいろなおもちゃ（キャラクター）にあいさつするようにもちかけてみてください。

☹［子どもの反応］　両手を後ろにひっこめるか、こんにちは、のあいさつに反応しません。

◆こうしてみたら！◆　子どもの注意をひきましょう。子どもに人形を示します。もう一度ご自分の手を伸ばし、子どもの手を軽く2～3回押してみましょう。こう言って下さい。『ハーイ、こんにちは！』

それから、人形を近づけ、子どもの手を用いながら人形にあいさつをします。『ハーイ、こんにちは！』と。

②私がママよ！

子どもの両手が自分のほっぺと髪に触れるようにします。

こう言いましょう。『私がママよ！』（あるいは、おばあちゃんよ、とか自分の名前を言います）『これが私のほっぺ！　これが私の髪の毛！』

☺**［子どもの反応］**気持ちから反応し、両手を伸ばしてあなたの髪やほほをさわり、ほほえんでいます。

◇次へつなげよう！◇この遊びを何回かくりかえし、子どもの名前を呼び、自分も名前を言います。『私がママよ。これは私の髪の毛、これは私のほっぺよ』

☹**［子どもの反応］**反応を示さないか、あなたの手を押しのけます。

◆こうしてみたら！◆子どもの手に触れ、それを「なでなで」します。それからゆっくり子どもの手を自分の顔に近づけます。できるなら、髪の毛やほっぺに触れさせます。言ってください。『私がママよ！』と。

③手をたたきましょう

子どもと向かいあってください。ベッドに横になっているかもしれませんし、あなたのそばで横になっているかもしれませんし、あなたのひざの上に座っているか、小机に向かって腰かけているかもしれません。

リズミカルに手をたたきます。こう言ってください。『手をたたきましょう。パン、パン、パン、パン、パン！』

あなたのしたことを子どもがくりかえすように気持ちをもたせます。

☺［子どもの反応］気持ちから反応し、あなたを見つめ、あなたの行為をくりかえし、笑っています。

◇次へつなげよう！◇この遊びを何回かくりかえし、子どもをほめてあげましょう。

☹［子どもの反応］反応しないか、あなたの手を押しのけます。

◆こうしてみたら！◆子どもの両手を取って、いっしょにこの遊び行為をします。こう言ってください。『手をたたきましょう。パン、パン、パン、パン、パン！』

④ヒコーキ

子どもにおもちゃを見せます。ヒコーキです。一方の手でヒコーキを持ち、手を動かして、右方向にも、左方向にもヒコーキのまねをしながら飛び回ります。（腰かけても、立ってでもいいですね）この遊びを3～4回くりかえします。

こう言いましょう。『ヒコーキ、ヒコーキ、ブーン！』

あなたがしたことを子どもがくりかえすように気持ちを高めさせます。それから子どもにヒコーキのおもちゃを渡し、同じように両手を使ってヒコーキを飛ばしてごらん、と後押ししましょう。

☺**［子どもの反応］** 気持ちも反応し、あなたを見つめ、おもちゃを使った動きと行為を再現します。笑っています。

◇次へつなげよう！◇この遊びを何回かくりかえし、子どもをほめてあげましょう。

☹**［子どもの反応］** 反応しないし、動きを反復することを拒み、おもちゃをつかむか、欲しがったり奪い取ろうとしたりします。

◆こうしてみたら！◆手の動き（傾けたり、下から上へ動かしたり）とおもちゃの扱い方『ヒコーキの揺れ』をやってみせましょう。『ヒコーキ、ジェット機、ブーン、ブーン！』

子どもの手の動きと飛ぶべき航路の方向を示してあげましょう。

⑤鈴を隠しちゃおう！

子どもに鈴を見せます。それを自分の左の手のひらに置きます。こう言いましょう。『ほら、こ

れ鈴よ！』（鈴を鳴らして見せます）

このおもちゃを右手の手のひらでおおいます（鈴を隠してください）。こう言いましょう。『鈴はどこ？　隠れちゃった！　捜してちょうだい！』

子どもがあなたの手を開けさせようとするように気持ちをもたせます。そしたら、鈴を取って、自分の手の中に隠して、と提案します。『自分で鈴を隠してみて！』

☺**［子どもの反応］**　気持ちの反応を示し、笑い、あなたを見つめ、手のひらを開かせようとし、鈴を取ろうとします。鳴らします。自分の手のひらの中に鈴を隠します。

◇次へつなげよう！◇かわりばんこで鈴を隠し合います。子どもをほめましょう。このようにして何回か遊びましょう（他にもいろいろな小物で音の出るモノを使ってみるとよいでしょう）。

☹**［子どもの反応］**　鈴をつかんで、投げたり、背中に隠したりします。あるいは、何もせず身を引き、ただあなたのすることを傍観しています。

◆こうしてみたら！◆鈴の音で子どもの注意を引きつけましょう。鈴を子どもの目の前で、あなたの手のひらの中に隠してみます。そしてリズミカルに手を振って音を出します。そしてこう言ってください。『鈴がないわ。なくなっちゃったみたい』

鈴

それから手を開き、言います。『ほら、あった。私たちの鈴よ、どんな音がする？　やってみて！』子どもに鈴を取るように促し、手のひらを合わせ鈴を上手に隠せるように手をかし、こう言いましょう。『さあ、鈴よ！　手の中に隠れちゃいます』

2 能動的な認識

（1）社会的な世界、物理的な世界を認知する——共同行為、模倣、演示や教示による行為

周囲の現実界を認識する、それなりの方法が各年齢ごとにあります。それはすべて、子どもの心理学的な成熟と知覚活動や思考活動の可能性によっていろいろです。

はじめ子どもたちは感覚領の助けをかりて周囲の現実を習得します。つまり味覚、嗅覚や、視覚、聴覚および触覚活動（触れたり、接触したりすること）の助けをかりるのです。子どもたちはモノをいじったり、手に持ったりしながら、具体的な行為を習得します（揺らしたり、たたいたり、はめ込んだりすることです）。そのような認知の方法によって初期の思考タイプが形づくられます。それは、直観-行為型の思考です。子どもは自分が働きかけようと思っている対象を見ているはずです。

やがて子どもたちは模倣スキルを獲得しますが、それは具体的なあるモノに対して一定の行為を

起こす可能性をつくってくれるのです。ふつう模倣するのは大人や同じ年ごろの子どもたちのやっていることです。試行錯誤の方法や出たとこ勝負のやり方で、言いかえると味、匂いを試し、触れたり、あるモノを別のモノにはめ込んだりしながら、あるいはモノで遊ぶ行為を実行しながら、子どもたちはモノやおもちゃの特質と役割を知っていくのです。このような方法で子どもたちは具体的な表象を身につけ、すでにそのモノについてお話しすることができますし、その特徴と性質を思い浮かべることができます。

モノについての表象を基にして、その像が生じます。私たちがモノを見分けるとき、たとえば、こう言いますね。『これはボールです』と。実際、私たちはボールという単語によってその像を固定し、すぐにそのモノは『丸い、赤い、しましまで丸くなっている』と思い浮かべます。これは直観–イメージ型の思考ですが、それによって子どもはそのモノを見なくても、その像を思い浮かべることができ、それがどんなものか、それでどうやって遊ぶのか説明することができます。

子どもたちと遊ぶとき、ふつう大人は幼い子に、その対象を知る方法を自分でやってみせ、それを使ってみるように教えています。時にはモノを扱う行為がうまく完了できるように特別な手段を用いたりします。

ある子どもたちには、触ってみたり、匂いをかいだり、なめてみたり、手でいじってみたりすることを通して感覚的な体験の道を行くことが有益です。ときには正しくやっているかどうかを、ことばで知らせるのがむずかしい場合もあります。でもこのプロセスはいつでも大人が自身の方法とことばで示せますし、具体的なモノについての表象を強化することができます。

教育はモノの共同学習から始まります。すでに「手に手を添える」方法のところでご理解されていますね。あなたは横に寝ていても、あるいは子どもといっしょに腰かけていても、子どもが両手で行為するのをうまく補助しやすいように、やや斜め後ろにいるのが好都合でしょう。

ときどき子どもたちは、逃げようとしたり、手を押しのけたり、おもちゃをつかみとったり、投げたりするものですが、共同行為を急いではいけません。このような状況のとき、子どもには大人の手の位置に慣れてもらうことが必要ですし、こんな時は遊び行為そのものから始めるのではなく、感覚的な接触を調整することから始めるとよいでしょう。つまり同じ位置で子どもの手に触れてみて、なでなでし、軽く押さえつけながらいっしょの動きを続けます。こうして子どもがあなたの手を受け入れた後で、おもちゃを知らせることが可能になるのです。レッスンを始めたころならば、共同のやりとり行為は数分間で十分でしょう。おもちゃを手で持ってみる、それを子どもの手に渡す、おもちゃ箱から出し入れする、などです。遊び時間を増やし、いっしょにいろいろなモノをいじり始めるのもよいでしょう。たたいてみたり、置き場所を変えてみたり、入れ替えてみたりしてみましょう。

子どもが共同行為の方法をマスターすると、今度は、あなたのしている行為を**模倣しながら**自分ひとりでやってみようとするでしょう。模倣するスキルは、おもちゃへの集中力と、大人がしていることへの注意力を必要としますね。はじめはある具体的なおもちゃで遊ぶのがおすすめですが、しばらくしたらそれを別のいろいろな遊び場面でくりかえすとよいでしょう。たとえば、最初は熊のミーシカに、ごはんを食べさせることに慣れてきたら、次には同じことをお人形やマトリョーシカにしてみるのです。模倣をマスターしたら、次の認知レベル、すなわち演示による行為に移行しましょう。もう、大人がしている行為を見せるだけで十分です。ひとりで同じようにすることができますね。

周囲の世界を認知する手段を習得する効果を高めるためには、言語的な注釈が必要です。『これは誰？　これは何？　何をしているの？　どうしている？　どうなった？』というように。ことばの助けをかりた教育において、それはもしかしたら大人にとっては短い教示か、合いの手のようなものかもしれませんが、大人が子どものあらゆる行為の結果を計画化し、調整し、方向づけ、固定しているのですよ。

ことばによって説明するやり方とモノを使った遊び行為を大人がやってみせる方法や、子どもと共同で行ったりする方法と結びつけるならば、社会的な世界や物理的な世界の認知がとても困難であったとしても、大人と子どもとの相互やりとりにおいて最大限の効果がもたらされるでしょう。

遊びの例

共同行為

①タワー

子どもの両手をうまくサポートできるように隣か、やや斜め後ろに腰かけてください。おもちゃ箱の中のキューブを5～6個示して、タワーをつくってと言います。はじめに2個のキューブをご自身で積み重ねてください。そして言いましょう。『タワーを建てようよ。ほらキューブよ。まだあるわよ』

それからキューブを子どもの手に置きます。共同行為でキューブを積み上げます。そして言ってください。『キューブを取って、タワーをつくろうよ！』と。

☺ **［子どもの反応］** あなたのしている行為を目で追いますし、キューブを手にとり、元にもどしたり、作りかけのそばに置いたりします。前のキューブの上に積もうとしますが、ばらばらになってしまいます。

◇次へつなげよう！◇ 自分の手を子どもの手の上に置きます。さらに指で子どもの手を取るか、指で子どもの肘を支え、子どもの手を必要な方向に向けてあげましょう。いっしょにタワーの先頭部分にキューブを置きます。そして言いましょう。『キューブを取って、タワーをつくろうよ！』

☹［子どもの反応］あなたのしている行為を目で後追いしますが、キューブを取り、投げ捨ててしまったり、作りかけのものを倒してしまったりします。あるいは、あなたとの遊びに無関心でいます。

◆こうしてみたら！◆ 軽く子どもの背をかかえるようにして、自分の手を子どもの手の上に置いてください。いっしょにキューブを取り、それを机に置きましょう。そしてもう一つのキューブをとり、最初に置いたものの上に置きます。こう言ってください。『キューブを取って、タワーをつくろうよ！』

この遊びでは2～3個のキューブですることができます。行為を実行して、その成果に子どもを注目させることが大事ですね。

②おうち

子どもにキューブと三角の積み木二つ（屋根）を見せます。子どもの見ている前でキューブの上に三角積み木を置いてみます。こう言ってください。『ほーら、おうちだよ！』

子どもには別のおうちに屋根をつけるように提案しましょう。ねずみさんのおうちと言って遊びましょう。

☺［子どもの反応］あなたのしていることを後追いしてキューブに屋根を置こうとします。

◇次へつなげよう！◇子どもの手を支え、おうちを建てている方向へ近づけます。

☹［子どもの反応］建てたものをこわし、積み木を投げ散らかします。あるいは無関心なままあなたの遊びを何となく見ています。

◆こうしてみたら！◆前の遊びと同様、子どもの背を軽くかかえるようにして、自分の手を子どもの手に置き、子どもといっしょに、キューブに屋根をつけましょう。こう言ってください。『積み木をとって、おうちを作ろう！』「ねずみさんのおうち」というシチュエーションで遊びましょう。

あくる日、この遊びをくりかえします。おうちを二軒つくるようにもちかけてください。

③お魚

子どもにおもちゃの魚を2～3匹見せます。水の入った大きなタライで泳いでいます。すくうための網も見せてください。おもちゃを使って遊ぶ行為を見せてあげてください。つまり魚を捕るところです。こう言いましょう。『おさかなをつかまえて！』

☺［子どもの反応］　気持ちで反応し、網を取り、魚をつかまえようとします。

◇次へつなげよう！◇　この遊びを数回くりかえし、タライに水に浮く他のおもちゃ（アヒル、ボールなど）を入れましょう。

☹［子どもの反応］　水の入ったタライに激しく手をつっこみ、水をまきちらし、魚を手でつかまえようとし、タライのふちや机を網でたたいたりします。

◆こうしてみたら！◆　タライの底の方に水を残しておいて、そこに1匹だけ魚を入れます。背後から子どもを軽くかかえて、自分の手を子どもの手に重ねて、いっしょに魚をつかまえる行為をしてみます。そしてこう言ってください。『おさかなをつかまえましょう。ほら、おさかなよ！』

次に、魚の数を増やしながら、遊びをくりかえしていきます。

④自動車道

子どもに5～6片の角材ブロックを示します。二つをくっつけます。子どもには角材を使って行為を続けるように提案します。「車が新しい道路を走っていく」場面を遊びにします。こう言ってください。『新しい自動車道路をつくるのよ！』

ブロック

☺［子どもの反応］　大人のしていることを目で追い、角材を手にとり、二つをくっつけます。車として遊んでいます。それで道路上を走ります。

◇次へつなげよう！◇子どもに箱を手渡し、必要ならば子どもの手の方向を支えましょう。

☹［子どもの反応］角材をまきちらし、それらをでたらめに置きます。あるいは、ただ大人を見ているだけで関心を示しません。

◆こうしてみたら！◆子どもの両手をとって、次のような共同行為をします。両手で角材を持って、それらをつなげ、道を直線にします。こう言ってください。『ブロックを取って、道路をつくりましょう！』

道路づくりとして遊びます。

次回は少し変えてみましょう。たとえば川に橋をかけましょう、とか、車庫をつくりましょうとか、柵をつくりましょう、というように。

⑤きのこを集めよう！

紙面上にプラスチック製のきのこを並べます（5〜6本セット）。子どもに、手のひらにきのこを採って集めてごらん、と提案します。こう言ってください。『手のひらに、きのこを集めましょう！』

☺［子どもの反応］ 教示を理解しています。きのこを採り、手のひらに置き始めます。きのこを集めるときに、開いた手のひらをわざとではないのですが、動かしてしまい、きのこがこぼれてしまうことがありますね。

◇次へつなげよう！◇子どもが手のひらを水平に保てるよう助けましょう。子どもをほめてあげましょう。

☹［子どもの反応］ きのこを取り、それらを大人に渡すか、あるいは紙面の隣に置きます。

◆こうしてみたら！◆次のような共同行為の手段を用いましょう。一方の手で子どもが手のひらを水平に保てるように助け、もう一方の手で子どもの手をきのこのあるところに向けたり、子どもの手のひらに向けたりしましょう。こう言ってください。『手のひらにきのこを集めましょう！』もし、「手のひらにきのこを集める」行為がうまくできなかったならば、箱（お皿）に置くようにするのもよいでしょう。こう言ってください。『箱にきのこを集めましょう！』

⑥とい（樋）

子どもの前に、といを置きます。板の長さは20～25センチで、脚（2～3センチの高さ）がついていて坂になっています。

ボールを5～6個、用意しましょう。次のようなボールを用いたモノ-遊び行為をしてみせます。

ボールをといにころがし、といの坂下で受け取ってください。子どもに同じことをするよう提案します。つまりボールをころがし、そしてそれを下で受け取るようにです。こう言いましょう。『ボールよ、ころがれ！　ほらボールが来た！』

☺［子どもの反応］気持ちから反応し、手にボールをとり、ころがし、それをキャッチします。ときどき、上手にキャッチできないこともありますね。

◇次へつなげよう！◇上手にボールをキャッチできるように子どもの手の方向をつけてあげましょう。

☹［子どもの反応］ボールをつかみ、投げてしまいます。あるいは、といの上にボールを置きますが、どちらが上で、どちらが下か理解していません。あるいはボールを、といに置くのですがそれをキャッチしません。

◆こうしてみたら！◆背後から軽く子どもをかかえるようにして、自分の手を子どもの手に置きましょう。そして共同行為によって、といにボールを置き、それからボールをキャッチします。そしてボールを箱に入れます。

こう言いましょう。『ボールよ、ころがれ！　ほらボールが来た！』

⑦うずまき

紙面上に、うずまきをどのように描《か》くのかやってみせます。

こう言いましょう。『うずまき、うずまき、かこうよ、うずまき！』

☺**［子どもの反応］**　気持ちから反応し、手にフェルトペンを取り、紙に描き始めるか、または線で図を描いています。

◇次につなげよう！◇　共同行為の手法を用いて、うずまきを描けるよう子どもを手伝いましょう。

☹**［子どもの反応］**　フェルトペンをつかみ、紙面を突いたり、めちゃくちゃに線を引いています。

◆こうしてみたら！◆　一方の手でフェルトペンを握り子どもの指をとり、もう一方の子どもの手を自分の手の上に置かせます。一方の手で紙を押さえ、もう一方の手がうずまきを描くように子どもを手伝います。こう言いましょう。『うずまきをかこう！』

２～３回レッスンを重ねた後、子どもはあなたの行為を模倣して、自分ひとりで丸いうずまきの部分部分を描くことができるかもしれませんね。

模倣

①拍手（手をたたきましょう）

手のひらで拍手してみましょう。あなたがするのを子どもに見せてください。こう言いましょう。『おててを、パチ、パチ！』

あなたのしたことを子どもがやってみたくなるような気持ちにしてあげましょう。

☺［子どもの反応］　気持ちから反応し、あなたのしたことをくりかえそうとしています。

◇次へつなげよう！◇この遊びを何回かくりかえしましょう。

☹［子どもの反応］　あなたのしたことをくりかえそうとしません。

◆こうしてみたら！◆子どもの両手で拍手をしてみます（共同行為の方法）。あるいは、子どもの手をとって、それで自分の手と拍手します。または、自分の手のひらを上向きにして、子どもがあなたの手をたたくように求めます。こんなふうに言いましょう。『私のようにやってみて。おててを、パチ、パチ！』

②ソーセージ

ねんどでソーセージのつくり方を子どもにやってみせます。両手のひらの間にねんどのかたまりをはさんで棒状にします（両方の手のひらを反対方向に、平行に動かします。手からねんどが落ちないように）。そしてこう言ってください。『ソーセージができた、ソーセージができたよ！』

お人形さんにあげるソーセージをいっしょにつくるように子どもにもちかけます。

☺**［子どもの反応］**　気持ちは反応し、ソーセージづくりをしようとするけれど、手のひらで圧す力が足りません。

◇次へつなげよう◇子どもの手のひらの状態をチェックします。共同行為の方法によって子どもの最初のソーセージづくりを手伝います。あなたのすることをよく見るように言い、それから自分ひとりでソーセージを押しながらのばすように提案します。

☹**［子どもの反応］**　ねんどを手に取りますが、手のひらでねんどを押さえることができず、あなたのしたことをくりかえすことができません。

◆こうしてみたら！◆両手の位置やねんどの扱い方を子どもにやってみせます。ねんどの形が変わっていくことに子どもの注意が向くようにします（ねんどがのばされていく様子を見せます）。そしてもう一度、子どもにやらせてみましょう。

こう言いましょう。『私のように、やってみて。ねんどのかたまりを手のひらにのせましょう。そしたら、ソーセージにしてみましょう。こんなふうにね。私がどうやるか見ていてね！』

③動物のお客さんがやってきた

熊のミーシカを使う遊び行為を子どもにやってみせます（熊のミーシカがお客にやってきた、の場面、前出）。そしてこう言いましょう。『ミーシカ、のっし、のっし！』

子どもの手にミーシカを渡します。このモノ‐遊び行為を再現したくなるような子どもの気持ちを後押ししましょう。

☺**［子どもの反応］**　心から反応し、あなたのした行為をくりかえそうとし、『のっし、のっし』ということばを反復します。

◇次へつなげよう！◇　いっしょに、おもちゃを使ったモノ‐遊び行為を行います。あなたと子どもは別々のおもちゃでしてみましょう。

☹**［子どもの反応］**　あなたのする行為をくりかえしません。

◆こうしてみたら！◆　はじめは共同行為の方法を用います。子どもは両手で、熊のミーシカを持ち、モノ‐遊び行為をします。それから子どもの手に別のおもちゃを与えて、隣のミーシカをまねて「足を踏み鳴らす」ように求めます。こう言いましょう。『私のように、やってみて。ミーシカは、のっし、のっし、のっし！』

④ゆき

子どもの前に、青い画用紙を置き、それには7～8枚の白い丸が適当な間隔でのりづけされています。

白い丸の上に、ゆきの模様をのりづけする方法を子どもの前でやってみせます。はじめに、あなたがのりを丸の中心に塗り、その後で、子どもが丸にゆき模様をつけます。中心部分を指で圧すのです。ゆき模様のいくつかは、あなたが自分でのりづけしてやってください。こう言いましょう。『真ん中を圧して、ゆきをのりでつけるのよ！』

もう少しこの遊びを複雑にすることもできます。子どもが自分ひとりでのりを白い丸につけるようにし、あなたとゆき模様を分けあって、いっしょにそれらを青い紙にはって完成させるのです。

☺**［子どもの反応］**心から反応して、白い丸にゆき模様をはっていきます。ときには（丸の中心部ではなく）はじの方にのりづけしてしまいます。

◇次につなげよう！◇あなたが自分でゆき模様をのりづけしてみせます。こう言いましょう。『私と同じようにやってみて！　ゆき模様を取ってそれを丸の真ん中につけるのよ。のりでね。ほら、こうやってね！』

☹［子どもの反応］ゆき模様を紙面にのりでつけますが、すぐにはがしてしまい、また別の場所につけ、うまくつけられません。

◆こうしてみたら！◆最初のゆき模様はあなたがのりづけしてみせて、2番目のゆきを子どもに渡してみましょう。

こう言うとよいでしょう。『私と同じようにやってみて！　私がやるのをよく見てて！』

⑤玉をいれる

子どもにふたでおおわれた箱を見せます。ふたには丸い形の穴（直径3センチ以上）があいています。トレーに6個の玉（直径2～3センチ）を用意しておきましょう。

子どもに次のような、モノ-遊び行為をやってみせます。玉を取って、穴に合わせて押し込んでみせます。

順番に玉を穴に押し込みます。こう言うとよいでしょう。『玉がストン！』

☺［子どもの反応］その気になって心から反応し、あなたのすることを模倣します。玉を穴に入れます。

◇次へつなげよう！◇この遊びを何回かくりかえします。子どもをほめてあげましょう。

☹**［子どもの反応］**あなたのしていることを見ないで、玉をつかみ、投げてしまい、箱を押しのけ、怒っています。あるいは両手で何個か玉を取り、それらを一気に穴に押し入れようとします。あるいは、手をうしろに回して、あなたを見ています。

◆こうしてみたら！◆はじめに、子どもの両手を使って玉をとり、それを穴に持っていき、箱の中に押し込んでみましょう。こう言ってください。『玉がストン！』

それから、子どもの手に別の玉を渡して、自分ひとりで穴に持っていき、箱の中に落としてごらんと言います。こう言うのです。『玉を押し込んで。玉がストン！』

3番目の玉はあなたひとりでしてみます。こう言ってください。『じゃ、こんどは私の番よ。玉がストン！　次は、あなたの番よ！』

四つ目の玉をひとりでとって、穴に押し込むように後押しします。こうして2～3回くりかえします。

⑥わたしから、あなたへ、あなたから、わたしに

子どもと50センチから1メートルぐらいあけて向かい合います（立ってでもいいし、腰かけてでもいいですね）。

子どもに大きめのボール（直径15~20センチ）を見せます。手でボールを互いに渡しあいます。こう言ってください。『私からあなたにボールを渡すわ！　そしたら、今度はあなたから私にボールをちょうだい！』

☺［子どもの反応］　心から反応し、ボールを取り、相手に渡します。

◇次につなげよう！◇　この遊びを何回か、くりかえしましょう。

☹［子どもの反応］　ボールを持つことができないかもしれません。あるいは、ボールを持っても、放り出してしまいます。

◆こうしてみたら！◆　子どもとの距離を手を伸ばして届くくらいにします。こう言いましょう。『私からあなたにボールを投げるわよ！』でも手からボールは完全には離しません。子どもがボールをキャッチするか、ボールを持っているあなたの手をとらえた瞬間に、手の動きを逆にして、まるで子どもがボールを返して自分が受け取ったかのようにします。そのとき、こう言ってください。『今度は、あなたが私に返す番よ！』

さらに、もう一度ボールを子どもに、上手く取れるように渡します（あるいは、もっと近づいてボールを手渡すようにします）。こう言ってください。『私からあなたにボールを投げるわよ！』子どもには、ボールをひとりで返すように促してください。『今度は、あなたから私にボールをちょうだい！』

●演示や教示による行為

①お人形と散歩に行きましょう。

子どもにお人形と服を見せましょう。2着の服、ソックス、ジャケット、帽子です。

子どもといっしょに、お人形が着るものを手にとって調べてみて、お人形に着せる順番についてお話ししてあげてください。

☺［子どもの反応］心から反応し、順番どおりにお人形に服を着せていきます。

◇次につなげよう！◇子どもをよく見ていましょう。たずねてみてください。『お人形さんにはどんな服を着せるの？』

☹［子どもの反応］気持ちはあり、お人形に着せ替えははじめますが、順番を守れません。

◆こうしてみたら！◆よく見て、こう聞いてみてください。『最初に着せるのなーに？　次はなーに？　今度は？』

必要に応じて、子どもがお人形に服を着せる手伝いをしましょう。

②お人形の子守歌

子どもに人形を見せ、それを両手に抱いて、揺らして見せます。（ねむるようにします）。こう言いましょう。『わたしのリャーリャ、ねんねん、おころり、はよ、やすみ！』

☺**［子どもの反応］** 人形をつかったモノ遊び行為とことばかけをまねしてくりかえします。

◇次につなげよう！◇ 子どもの動きのペースに合わせて歌ってあげましょう。『わたしのリャーリャ、ねんねん、おころり、はよ、やすみ！』

☹**［子どもの反応］** 人形を手に取りますが、あなたのしたことをくりかえそうとはしません。あるいは、指で人形の目や鼻を触ったりします。

◆こうしてみたら！◆ 人形をつかって、くりかえしてモノ遊び行為をしてみせます。その後で人形を子どもにあずけ、やさしく子どもの手をゆらゆらさせるポーズにします。子どもの気持ちを高めてあげましょう。ゆりかごの歌をくりかえします。『わたしのリャーリャ、ねんねん、おころり、はよ、やすみ！』と。

③グロッケンで遊ぼ

グロッケン（鉄琴）をマレットでたたいて音を出し、そのやりかたを子どもに見せましょう。子どもにやってみようとさそってください。
こう言います。『ティン・コン、ティン・コン！』

☺［子どもの反応］この、モノ‐遊び行為と、音まねことばをくりかえします。

◇次につなげよう！◇子どもの演奏に合わせて、歌います。『ティン・コン、ティン・コン！』と。

☹［子どもの反応］マレットを持ちますがグロッケンの鍵盤をたたこうとはせず、机をたたいています。

◆こうしてみたら！◆子どもの手に自分の手を重ね、子どもがマレットを持てるように支え、楽器をたたいてみましょう。子どもが自分でマレットを持ったらすぐに、自分の手を子どもの手首まで移動させて支えるようにします。子どものペースに合わせて歌ってあげてください。『ティン・コン、ティン・コン！』と。

④マラカス（ガラガラ、タンバリン）**で遊ぼ**

マラカスの演奏のしかたを子どもにやってみせましょう。リズミカルに振ることによってチャラ・チャラ、カチャ・カチャする音に注目させてください。いっしょにマラカスを鳴らしてみようよ、と子どもにもちかけます。
こう言いましょう。『チャ・チャ、チャ・チャ・チャ！』

☺**［子どもの反応］**モノ-遊び行為を反復し、リズムを取ろうとします。

◇次へつなげよう！◇あなたのマラカスで自分のリズムを打って、子どもに同じようにやってみようよ、と提案します。こう言いましょう。『チャ・チャ、チャ・チャ・チャ！』と。4～5回したら遊びをやめますが、『チャ・チャ、チャ・チャ・チャ！』と言い続けます。子どもが自分ひとりでどう演奏するか、見守ります。しばらく子どもだけのフレーズを続けて、また共同遊びとしていっしょにリズムを刻みましょう。

☹**［子どもの反応］**マラカスを手に持ちますが、うまく扱えず、あなたの始めたとおりのリズムを打とうとはしません。あるいは、マラカスで机をたたいたり、あなたのマラカスをたたいたりします。

◆こうしてみたら！◆背後から軽く子どもをかかえて共同行為の方法を用います。左手でマラカスを持ち、右手は子どもがマラカスを持つようにお手伝いをします。『チャ・チャ、チャ・チャ・チャ！』と言いながら、マラカスでリズムをとって鳴らします。4～5回このフレーズをくりかえした後、口でこのフレーズを言いながら、子どもが自分ひとりでするチャンスをつくれるように、

郵便はがき

料金受取人払郵便

神田局
承認

7451

差出有効期間
2021年7月
31日まで

切手を貼らずに
お出し下さい。

101-8796

537

【受 取 人】

東京都千代田区外神田6-9-5

株式会社 **明石書店** 読者通信係 行

お買い上げ、ありがとうございました。
今後の出版物の参考といたしたく、ご記入、ご投函いただければ幸いに存じます。

ふりがな お名前	年齢	性別
ご住所 〒 -		
TEL ( ) FAX ( )		
メールアドレス	ご職業（または学校名）	
*図書目録のご希望 □ある □ない	*ジャンル別などのご案内（不定期）のご希望 □ある：ジャンル（ □ない	

書籍のタイトル

◆本書を何でお知りになりましたか？
□新聞・雑誌の広告…掲載紙誌名[ ]
□書評・紹介記事……掲載紙誌名[ ]
□店頭で □知人のすすめ □弊社からの案内 □弊社ホームページ
□ネット書店［ ］ □その他[ ]

◆本書についてのご意見・ご感想
■定価 □安い（満足） □ほどほど □高い（不満）
■カバーデザイン □良い □ふつう □悪い・ふさわしくない
■内容 □良い □ふつう □期待はずれ
■その他お気づきの点、ご質問、ご感想など、ご自由にお書き下さい。

◆本書をお買い上げの書店
[市・区・町・村 書店 店]

◆今後どのような書籍をお望みですか？
今関心をお持ちのテーマ・人・ジャンル、また翻訳希望の本など、何でもお書き下さい。

◆ご購読紙 (1)朝日 (2)読売 (3)毎日 (4)日経 (5)その他[新聞]
◆定期ご購読の雑誌［ ］

ご協力ありがとうございました。

ご意見などを弊社ホームページなどでご紹介させていただくことがあります。 □諾 □否

◆ご 注 文 書◆ このハガキで弊社刊行物をご注文いただけます。
□ご指定の書店でお受取り……下欄に書店名と所在地域、わかれば電話番号をご記入下さい。
□代金引換郵便にてお受取り…送料+手数料として300円かかります(表記ご住所宛のみ)。

書名	冊
書名	冊

ご指定の書店・支店名	書店の所在地域 都・道 府・県 市・区 町・村
	書店の電話番号 （ ）

あなたは自分の手を子どもの肘の下に移動させます。子どもがひとりで演奏しはじめるまでは、子どもの手の支えとなってあげてください。

（２）遊び方を学ぶ――モノ‐遊び行為

モノ‐遊び行為は、子どもの遊び活動の基礎をつくります。この行為は、自分の好きなおもちゃを用いて行われ、遊び空間が正しく構成されているならば、子どもたちにとっては心引かれるものとなります。

発達の初期段階では、子どもは身近な周囲にあるものに関心を持ち、それらを見たり、触れたり、手に取ったり、つまり探索することができるわけです。鮮やかな色、かわいい形やサイズのモノに子どもは注目します。多くの場合、自分ひとりでおもちゃやモノを**ただいじっている**ことがありますね。

いろいろなモノをいじりだすのは、子どもが自分の行為を自覚する準備ができていることの証です。たいていの場合、子どもはこのようにして自分の認識的な関心を満足させています。モノをいじる過程が前向きであるならば、大人によってほめられる時間は長くなりますし（たとえ、結果が目に見えないようなときでさえも）、そのことは子どもにとって社会的な能動性を発揮する機会となり、自分の周りにあるモノを今まで以上に興味を持って学ぶきっかけとなるのです。

次の段階は**目的をもってモノを扱う行為**への移行です。ここでは、モノを見るだけではなく、持ち、手の中で保ち、置き場所を変えてみたり、いっしょに合わせてみたり、あるいは反対に、離してみたり、下げてみたり、上げてみたりします。この段階はモノ‐遊び行為よりも先にあります。モノを扱う方法の習得が容易でなければないほど、子どもはより強く遊びの世界を感じ取っているのです。部品を集めたり、合体させたり、ほぞに差し込んだり、それ用の穴に押し込んだり、はずしたり、ほどいたり、引き裂いたりすることを学ぶ瞬間、もうその子どもは、おもちゃを手に取ることを恐れたりしません。行為のしかたを知っていますし、おもちゃを用いる場面に向き合っています。

道具的な行為（食事のさいにスプーンを使う、カップから飲む、シャベルで土を掘る、チョークで描くなど）を獲得することによって発達上の著しい進展が起きます。道具を使う行為の経験は、具体的な日常生活かあるいは、いろいろな遊びの場面で大人の模倣をすることによって蓄積していきます。たとえば、自身を大事にすること、食べ方、衣服の着脱、あらゆる日常生活上の課題解決（開ける、閉める、何らかの補助的な器具を使ってモノの場所を移動させたり、取り出したりする）などです。道具的な行為とは、自分の目的を達成するためにそれを使いたいと動機づけるような、モノの特別な操作のことです。それは身辺自立の習熟を獲得する道の始まりであり、やがては日常生活での自立心の始まりなのです。

通常の生活では、モノ‐遊び行為は生後1歳過ぎから形成されていきますが、その始まりは子どもがスプーンを握り、それを自分の口に持ってくるときです。でも、「自分のために行為をする」ソーシャルスキルは子ども時代すべてにおいて完成されていきます。子どもといろいろな遊びをするときに、このスキルは長時間にわたって磨かれていきます。最初は、もっとも簡単なこと、おもちゃを持ちかえる、手でロープを引っぱる、モノを穴に入れる、あるいは、木づちでそれを穴に押し込む、とか、そして最後には複雑なチェーンのようにつながったひとまとまりの行為ができるようになっていきます。「成果を得るために、自分の手に届く方法でモノ-遊び行為を継続する」スキルの形成は本来の遊びのためのレディネスですし、また個人が身につけたソーシャルスキルは、子どもとその周囲にいる大人たちとのより高度な水準の相互やりとりを保証してくれます。

遊びの例

●事物の探索（観察、触察）

①魔法の箱

子どもの目の前で、箱から順番にいろいろなものを取りだしていきます。音の鳴るボール、マラカス、ベル、動物のおもちゃなど。

こう言いましょう。『見てごらん。これはボールよ。リン・リン！　このボールを持って、転がしてごらん！　まだ箱の中に何か入っているのかしら？　出してみて！』
『これは、ガラガラね。チャリン・チャリン。ガラガラを鳴らしてみて！』
『これは鐘よ！　ジン・カン！　鐘を鳴らしてみて！』
『これは、熊のミーシカよ。熊のミーシカはどうやって歩くの？』
音のする別のおもちゃも使えるでしょう。

☺ **［子どもの反応］** 注意深くおもちゃを見ていて、手に取り、モノ-遊び行為を再現するかもしれません。

◇次へつなげよう！◇ 箱の中に別のおもちゃを入れます。同じようにやってみてください。

☹ **［子どもの反応］** 手当たり次第、おもちゃをつかんでいます。大人の手を押しのけますね。箱を全部取り上げようとします。手渡されたおもちゃを調べてみようとしません。

◆こうしてみたら！◆ 箱を二つ用意しましょう。一つの箱には、おもちゃとしわくちゃにして丸めた紙を入れておきます。もう一方には、おもちゃを2個入れておきます。まず、子どもに最初の箱を調べてみるようすすめます。子どもの注意を箱の中でする音に向けさせます（『コト・コト！』）。当ててみるように言います。『なーんだ？』共同行為やことばを用いておもちゃを取りだしてみるように促します。そのおもちゃを使って遊びましょう。

次に、紙を手探りでとり、子どもといっしょに触って、カサ・カサと音を出します。こう言いましょう。『これは紙だわ。おもちゃじゃないよ。カサ・カサしている。カサ・カサ』もし、子どもがあなたのしていることに興味を保ち、じっと見ていたならば、もう一つの箱でこの遊びをくりかえしてみましょう。そこからおもちゃを手で触って、それを調べ、名前を当てたり、そのおもちゃで遊んだりしましょう。

●──モノの探索、接触、触察

①いろいろなボールとキューブ

子どもの目の前で箱のふたをあけ、その中身を見せます。ゴムボール（直径5～6センチ以内）とキューブです。その名前を言わずに一つを手に取るように促します。

こう言ってください。『取って！　そこにあるのはなーに？』

もし子どもがボールを取ったならば、音声をつけて言いましょう。『やわらかくて、まあるい、ころがるー！』

子どもが手の指全部を使って上手にボールをつかめるよう手伝ってください。もう一方の手でもボールをつかんでみせてください。さらに子どもがそのボールを転がすのを手伝い、自分ひとりで転がせるように促して、しているモノ-遊び行為を音声化しましょう。『やわらかいの、まあるいの、ころがれー！』と。

もし子どもがキューブの方を取ったら、こう言ってください。『かたーいの、たいらなの、ころがらなーい！』共同行為の方法を用いて、子どもがキューブの表面を触ったり、箱のとなりに並べたりするよう促します。こう言いましょう。『かたーいの、たいらなの、ころがらなーい！』

この遊びを2回くりかえします。箱の中にはボールを二つ、キューブも二つ、入れておきましょう。そして順番にとり、それを試してみるようにしましょう。

☺**［子どもの反応］** 大人の動きや行為を再現します。

◇次へつなげよう！◇子どものしていることをよく観察します。箱の中にボールとキューブを追加しましょう（大きめのものや小さめのもの）。

☹**［子どもの反応］** 子どもは両手でおもちゃを取ろうとします。調べる行為を再現しません。ボールは投げ、キューブは押しのけます。

◆こうしてみたら！◆箱の中に入れるのはボールだけにします。背後から子どもをかかえるようにして、共同行為を用いましょう。子ども利き手でボールを取らせ、それをもう一方の手に持ちかえさせ、そしてボールの表面を触ってみるように手伝います。子どもの両手を支え、ボールを転がし、言いましょう。『やわらかいの、まあるいの、ころがれー！』

箱の中にボール二つを入れましょう。大小二つです。それらを使ってやってみせましょう。こう言ってください。『小さいの、まあるいの、ころがれー！』『大きいの、まあるいの、ころがれー！』

●モノを触察する。移し替える、押しつぶす

①マメを移し替える

深めの皿を二つ用意し、一方にはマメをいっぱいにしておきましょう。マメの入った皿の底に何かおもちゃを入れて置きます（たとえば車）。

こう言いましょう。『マメを移し替えて、おもちゃを探しましょう』。手のひらでマメを移しかえる動きをあなたがやってみせます。手のひらにマメをすくい取って、それを何も入っていない深皿に移し替えていきます。

見つけたおもちゃで遊びましょう。

マメ

☺［子どもの反応］　大人のしたことを再現します。

◇次へつなげよう！◇別のもの（インゲンマメ、ソバの実）を使って、遊びをしましょう。隠すものもいろいろにして遊びます。また二つの深皿ともいっぱいにして子どもに見せます。一方はおも

ちゃが入っていますが、もう一方には何も入っていません。

☹［子どもの反応］　一方の手でマメ類をつかみ、空の深皿に捨てたり、床に捨てたりします。あるいは、せわしなく動き、マメ類をまきちらしてしまいます。

◆こうしてみたら！◆子どもの両手でマメをすくいとりましょう。子どもの手を深皿の上まで持ち上げるようにして、こすり合わせるようにし、手のすき間からマメがこぼれ落ちるようにします。はじめにマメをすくいとり、それを別の深皿に移していくのです。子どもにやる気がなく、この遊びに興味がないように思えたならば、子どもの手を深皿の中に潜らせるようにし、車のおもちゃを取らせてください。

遊びは手を深皿に入れて、おもちゃの車を探すところから始めましょう。

次回は、二つの深皿を使って（一方には車のおもちゃを入れ、もう一方には何も入れないで）おもちゃ探しをするようもちかけます。

●——おもちゃや日用品の操作

①鳴っている——鳴っていない

小さなベル（鐘）（3～4個）の入っている箱を用意しましょう。それぞれのベルの振り子には、はっきりした色のリボンが長めに結び付けられています（長さは、25～30センチ）。

子どもに遊び行為をやってみせましょう。左手でベルを持って、右手はリボンを持って音が鳴るようにリズミカルに動かします。

こう言ってください。『鳴っている、リン・リン！』

行為を止めます。こう言いましょう。『ストップ、鳴らさないで！』

このようにして2～3回くりかえします。

☺［子どもの反応］ 注意深くあなたのすることを見て、それからリボンを持って、同じことをしようとします。うまく音がしたらよろこんでいます。

◇次につなげよう！◇ 子どもに別のベルを示します。箱から順番にベルを取り出し、それぞれの音を鳴らします。それを指示に応じて止めます。

☹［子どもの反応］ 手を伸ばし、ベルをつかみ、リボンを取り、自分の方に引き寄せますが、あなたの言うことをききません。あるいは、あなたのやることを見ていますが、行為を再現することはできず、リボンを自分の方に引きますが怒っています。

◆こうしてみたら！◆ 子どもの斜め後ろに立ち、左手でベルをぶら下げて、右手で子どもの右手指を取るようにします。共同行為のやり方でリズミカルにリボンを振り動かしてください。

同じ立ち位置のまま、ひとりでリボンを持ち、リズミカルに行為をするように子どもに促します。子どもがひとりでやるようになり始めたならば（リボンの端を持ってリズミカルにそれを振り動かす）、他のベルも使って遊んでみるように子どもに提案しましょう。

②光ってる―光ってない[2]

箱をあけて、子どもに寝室用の置きライト[3]を示します。

まず使い方を示してください。はじめに指で表面を押してスイッチを入れ、手を離します。こう言いましょう。『光ってる！』またランプの表面を押してスイッチを切り、手を離します。こう言いましょう。『光ってない！』

これを2～3回くりかえします。

寝室用の置きライト

☺**［子どもの反応］** 大人を注意深く観察していて、ライトやすることを見ています。同じことを再現します。よろこんでいます。声をあげたり、ことばを言います（『光ってる』、『光ってない』）。

◇次につなげよう！◇ この遊びを2～3回くりかえします。子どもにライトを箱の中にしまうように求めます（手で持って、中に入れ、箱のふたを閉めます）。

☹**［子どもの反応］** 意味不明のまま、右手でも左手でもライトをたたいたり、大人の手を押しのけたりして言うことを聞いていません。

◆こうしてみたら！◆背後から軽く子どもをかかえ、子どもの手でライトの表面を押すようにし、さらに、その手を離すように上げます。こう言いましょう。『光っている！　でも今は光ってない！』

２～３回やってみた後で、同じ立ち位置のまま（子どもの背後から）肘を持ちあげてください。ライトの表面ボタンを押す行為を調節して、ことばをかけて励ましてあげましょう。しばらくしてから自分ひとりでライトをつけたり消したりしてみようと、もちかけてもよいでしょう。

③ころがる―ころがらない

いろいろな大きさのボール（３～４個）とキューブが３個入っている箱を子どもに見せます。次のようにやってみせてください。はじめにボールをころがし、次にキューブを取り出して平面上をいろいろな方向に何とか動かして見せます。

ボールのときには、こう言いましょう『ころがるー！』　キューブのときには『ころがらなー

2　別名「輝く、輝かない」。「光る」は、光が輝く意味。
3　子ども用の寝室で使う夜間のライト。プラスチック製で表面を押すことで入・切できるもの。

い!』と。

☺[**子どもの反応**] 注意深くあなたのすることを見て、あなたのしていることをくりかえし、ボールがころがるとよろこびます。

◇次につなげよう!◇全部のボールとキューブを使って遊んでみせます（キューブは、積んでもいいですね）。それから、おもちゃを箱の中にしまうように頼んでみましょう。

☹[**子どもの反応**]「ころがる」や「置く」行為を混同しています。あるいはボールをころがし、キューブを放り投げてしまいます。

◆こうしてみたら!◆ボールとキューブを別々の箱に並べてみましょう。はじめにボールを見せてあげましょう。こう言ってください。『ころがるー!』

次にキューブとキューブを積み重ねます。言いましょう。『ころがらなーい。タワーをつくろう!』

④コン・コン

『おうち』（カラーのボックス）を用意し、そこにおもちゃを二つ三つ置いて置きます。手に収まるぐらいのものにします。

やってみせましょう。箱のふたを指の関節部を使ってノックします。言ってください。『コン・コン！　住んでいるのはだーれ？』おもちゃをとりだし子どもにみせましょう。

☺［子どもの反応］行為とことば『コン・コン』を再現します。おもちゃによろこんでいます。

◇次につなげよう！◇2〜3回この遊びをくりかえしましょう。毎回新しいおもちゃにします。

☹［子どもの反応］あなたの行為やことば『コン・コン』に反応しませんし、勝手に箱をあけ、おもちゃを取ってしまいます。

◆こうしてみたら！◆子どもの興味を引くために、指の関節部を机など、平らな面をノックしてみましょう。こう言ってみましょう。『コン・コン！　やって来たのは、だーれ？』そして背後からおもちゃを取りだし、それを子どもに見せてから、また背中にしまいます。子どもがあなたの行為、手のひらや、げんこつで平らな面をたたくことを再現できるようになるまで、（1個または2個のおもちゃで）このような遊びを3〜4回くりかえしてみましょう。[4]最初に遊んでみた後、子どもにおもちゃを手渡して別の操作を始めることができる場合もありま

4　握ったこぶしで表面をたたいたり、触れたりするのは疑似行為と考えられます。

す。たとえば、それを別のおもちゃの隣に腰かけさせたり、立たせたり、子ども用のスプーンで食べさせたり、ベッドに寝かせたり、というように。

⑤これはあなたに、これはわたしに

右の手のひらをひらいて子どもに大きなボタン（直径3〜4センチ）を見せましょう。手に置いたままボタンを前に出します。

こう言います。『これは、あなたにあげる！　こんどは、私にちょうだい！』

😊**［子どもの反応］**　行為を再現し、ボタンをあなたに渡します。集中して次の行為を待っています。

◇次へつなげよう！◇　気づかれぬようにいろいろなボタンを手のひらにのせて2〜3回遊びをくりかえします。

特別に用意したサプライズ・ボックスにボタンを前もって入れておきます。ボタンの他に同じようなサイズのモノを入れて置くのもよいでしょう。

☹**［子どもの反応］**　ボタンを握りしめますが、あなたに渡そうとしません。

◆こうしてみたら！◆　子どもがボタンを受け取った後で、それを空っぽの箱に投入するようすすめます。いろいろな品物で遊びをくりかえしましょう。
左手でモノを持ちます。こう言いましょう。『これは、私に』
それから左手から右手に移して、その手を子どもの方に伸ばして言いましょう。『これは、あなたに！　箱に入れてね！』と。

●道具的、モノ-遊び行為

①ハンマーでコン・コン

子どもに、児童用の「ハンマーと球」セットを見せます。

次のようなモノ-遊び行為をやってみせましょう。ハンマーで球をたたきます。球が穴に落ちて、といからころがり出てくるようにするのです。

子どもにハンマーを渡し、それで球を打つように言います。こう言いましょう。『ハンマーで、コン・コン！』

ハンマーと球セット

☺［子どもの反応］　行為とことば（コン・コン）を再現し、ハンマーで球を打ちます。よろこんでいます。

◇次へつなげよう！◇この遊びを2～3回くりかえし、子どもをほめてあげましょう。

☹［子どもの反応］でたらめにハンマーで球をたたき、おもちゃ全体をたたいています。

◆こうしてみたら！◆共同行為の方法で、ハンマーで球を落とせるような位置に子どもの手を向けましょう。遊んでいるとき、子どもの手を支えるようにしましょう。こう言ってください。『コン・コン！』と。

②カギ

前もって大きな箱をつくっておきます。これはお家です（家の屋根は、箱のふたです）。箱の壁には窓を三つ、カギ穴付きのドアを描いておいてください。ドアは、開けたり閉めたりできるように、ドアの輪郭にそって切れ目を入れておいてください。そして「カギ穴」をえんぴつで描いておきます。

カギを用意します（たとえば、戸棚用のもの）。家（箱）の中におもちゃを隠しておきます。子どもにはカギと大きな箱を見せます。こう言ってください。『カギを取って、ドアを開けて、カチャ・カチャ！　だれが家に住んでいるの、見てちょうだい』

カギの使い方をやってみせます。親指と人差し指でカギを持ち、それをカギ穴の記されている所に持っていき、最初は右に、次に左に本物のように回してみましょう。

☺［子どもの反応］行為を再現します。カギを穴のところまで持っていき、手でカギをさしたまま回転運動をするか、あるいは、カギをさしたまま『カチャ・カチャ』と言います。遊びをよろこんでいます。

◇次へつなげよう！◇ 2～3回この遊びをくりかえして、新しいおもちゃを隠してみます。

☹［子どもの反応］ カギを使う行為の意味がわかっていません。カギを手に取りますが、その辺に置いたり、大人にもどしたりします。あるいは、箱やおもちゃをすぐ欲しがります。

◆こうしてみたら！◆ 本物のドアのところに子どもを連れていき、カギの使い方を見せましょう。カギ穴にカギをさしてみるよう子どもに言い、必要に応じて共同行為の方法を利用してみましょう。

③お人形に食べさせる

まずお人形と児童用の食器（お皿とスプーン）を子どもに見せましょう。それからスプーンの使い方を演示しましょう。お皿からオートミール*をすくったり、スプーンを人形の口に持っていったりします。

こう言いましょう。『お食べ、リャーリャ、おいしいわ！　んま、んま！』

＊訳注　オートミール（ロシア語ではカーシャ）穀物や豆類を煮てつくる家庭料理

☺ **[子どもの反応]** 行為を再現し、人形に食べさせ、『んま、んま』と話します。

◇次へつなげよう！◇ 遊びを2～3回くりかえしましょう。他の人形やぬいぐるみにも食べさせてね、とすすめます。

☹ **[子どもの反応]** スプーンを持ちますが、食べさせようという行為はしません。あるいは、スプーンで人形の目を突いたりします。

◆こうしてみたら！◆ 左手で人形を支え、右手は「手に手を添えて」、子どもが人形に食べさせる手伝いをしましょう。こう話しかけて下さい。『お食べ、リャーリャ、んま・んま！』

④ヘアメイク

子どもにお人形とヘアブラシを見せます。人形の髪をとかしはじめ、子どもに続けてやってもらうようにもちかけます。

こうお話ししてください。『ブラシでリャーリャの髪をとかしましょう！　リャーリャはきれいになるわね！』

☺ **[子どもの反応]** 行為を再現します。人形の髪をとかしています。

◇次へつなげよう！◇ 子どものしていることをよく観察してください。子どもがとかし終えたら人形の頭にちょう結びのリボンをつけてあげましょう。

☹［子どもの反応］　お人形の髪にブラシをかけようとしません。自分やあなたの髪にしようとします。

◆こうしてみたら！◆よく観察してください。子どものしていることを認めてあげてから、お人形にしてあげようね、ともう一度すすめてください。こう話すといいでしょう。『リャーリャの髪にブラシをかけましょう。リャーリャはきれいになるわね！』

⑤オートミールをかきまぜる

子どもの前に、そば粉かあるいは他の小粒のひきわり粉の入ったシチュー鍋をおきましょう。遊び行為を始めます。おたまでオートミールをまぜてください。

子どもにおたまを渡し、かきまぜてみるようにすすめます。子どもがオートミールをつくっているように。こうお話ししてください。『オートミールをまぜましょう！　おいしいオートミール！』

オートミール

☺［子どもの反応］　あなたのしていることを再現します。おたまでオートミールをかきまぜています。

◇次へつなげよう！◇　子どものしていることをよく観察しましょう。遊びの終わりには、お人形に食べさせるようすすめます。

☹［子どもの反応］　シチュー鍋を少しまぜた後、おたまを自分の口に持っていき、オートミールを食べようとします。

◆こうしてみたら！◆　あらかじめ、ひきわり粉の入った鍋をもう一つ用意しておきます。子どもをよく観察してください。その子どもがおたまを口にもっていくやいなや、別のお鍋のふちをスプーンでたたいて子どもの注意をひき、『オートミールをかきまぜる』ように促します。こうお話ししましょう。『オートミールをかきまぜましょう！　おいしいオートミール！』

⑥車輪

子どもの目の前でフェルトペンを使い、『車輪』（丸い線）を描きましょう。子どもにフェルトペンを渡し、自分で丸を描いてみるようにすすめます。

こうお話ししましょう。『車、車、遠くまで走れ！』

☺［子どもの反応］　あなたの行為を再現し、車輪を描きます。

◇次へつなげよう！◇　観察してください。必要に応じて、車輪として回転できるぐらいのサイズになるよう子どもの手の動きを加減しましょう。

☹［子どもの反応］　フェルトペンを持ちますが、『ぐちゃぐちゃ、だらだら』描くか、フェルトペンの先で紙面をついていたり、机に描いたりしています。

◆こうしてみたら！◆　共同行為の方法で子どもといっしょに丸い線を描きます。それから、子どもの手首を軽く支え、ひとりで丸い線を描くチャンスをつくってあげましょう。

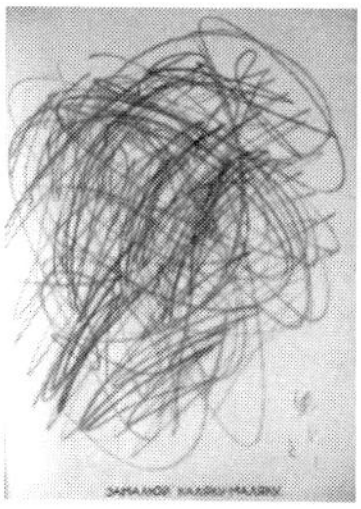

ぐちゃぐちゃ、
だらだら

⑦お花に水をあげましょう

じょうろに水を入れて、お花に水をあげるところを子どもにやってみせましょう。あなたのしたことをやってみるよう子どもにすすめます。

こうお話ししてください。『お花にお水をあげましょう。ほら、こうよ！』

☺［子どもの反応］　行為を再現し、じょうろを手に持ち、それを傾けて、お花に水をあげています。

◇次へつなげよう！◇よく見てください。必要に応じて、子どもの手を取り、じょうろの注ぎ口の傾きを加減してあげましょう。

☹**［子どもの反応］**じょうろを持ちますが、花のないところに水をまきちらします。

◆こうしてみたら！◆共同行為の方法を用いて、子どもといっしょにお花の水やりをしましょう。そして自分ひとりでやってみようよと、すすめてみましょう。

⑧お魚を捕ろうよ、大きいのと小さいの！

水の入ったたらいの中にプラスチック製の魚を3～4匹入れます。網で魚をつかまえるところを子どもに見せます。

こうお話ししてください。『おさかなをとろうよ。大きいのと小さいの！』

☺**［子どもの反応］**あなたのしたことを再現しています。魚を捕ってバケツの中に入れます。

◇次につなげよう！◇よく見てください。遊びのおしまいには子どもといっしょに魚を水にもどしましょう。この遊びを2～3回くりかえします。

☹**［子どもの反応］**さかなを手づかみしようとし、水をまきちらします。あるいはさかなを網でつかまえますが、手の動きはだらだらしていてルーズです。

◆こうしてみたら！◆子どもの両手の動きの範囲を加減しながら、共同行為の方法で、最初に２匹さかなをつかまえます。それから今度はひとりでつかまえるようにすすめますが、網を持つ子どもの手を支えるようにします。

（3）気の毒に思う、共感する――おもいやり、相互援助、友情の形成

人を助けたい、人と共感したい、人と分かち合いたい、人の心配をしたい、というようなソーシャルスキルがあること、それは**真に社会的な行動**にとって必要不可欠の条件です。その基礎になるものとして幼児期のうちに次の発達期に向かう安定性を獲得しておくことです。相互援助、共感、身近な人々への配慮という価値観の中で子どもを教育することは、子どもが社会を学んでいく過程にプラスの影響を与えますね。子ども時代に思いやり（共感）が強く現れれば現れるほど、大人になってからの生活において利他的な人になるのです。

前述したようなソーシャルスキルを形成するためには、まずはじめに遊びの場面でそれらを実践してみるべきでしょう。たとえば、お人形やその他のおもちゃを相手にしたり、やがては子どもの生活体験でおきる身近な実例を通して学びましょう。

遊びの例

①お人形を大切にする

子どもにお人形が痛がっていると伝えましょう。お人形は指が痛いのです。行為を示します。お人形の手を「ふう、ふう」と吹いてあげ、「なでなで」します。こうお話ししてください。『お人形がかわいそうよ！　指をふうふうしてあげてね！』

☺**［子どもの反応］**あなたのしたことを再現します。お人形の手をなで、息を吹きかけます。

◇**次につなげよう！**◇こう話しかけて下さい。『えらいわ、サーシャ（子どもの名前）、お人形かわいそうよね！』

☹**［子どもの反応］**人形を手で持ち、置き場所をあちこちに変えます。

◆**こうしてみたら！**◆もう一度やって見せてから、子どもに再現させましょう。

②ママがかわいそう

自分は頭が痛い、と子どもに言います。自分の額に湿布をあてます（湿らせたナプキンやプラトークを使うのもよいでしょう)。

こうお話ししてください。『かわいそうなママ！　ママは頭が痛いの！』

☺［子どもの反応］　あなたに寄り添うようにして、手をなで、こう言うかもしれません。『ママ、ママだいじょうぶ？』

◇次につなげよう！◇子どもを抱きしめます。そして言いましょう。『サーシャはいい子ね。ママをかわいそうって思ってくれるのね！』

☹［子どもの反応］　大人を見ていますが、何の情動的反応も運動的反応も見せません。湿布を取って投げたり、自分の頭にしてみたりするかもしれません。

◆こうしてみたら！◆子どもを抱きしめます。子どもの手をあなたの額にさわらせます。こう言ってください。『ママいたいの。いたい、いたい。ママはかわいそうでしょう？　ママは頭がいたいの！』

③ウサギの足を治してあげましょう

ウサギが足をケガしていると、子どもたちにお話しします。次のような行為をしてみましょう。塗り薬をへらでぬるように何回かウサギの足にさわります。

こう言います。『ウサギさんの足を治してあげましょう！　すっかりよくなるようにね！』

☺［子どもの反応］　あなたのしたことを再現します。

◇次へつなげよう！◇　こうお話ししてください。『えらいわ、サーシャ！　ウサギさんを治しているのね。足におクスリをぬってあげて！』

☹［子どもの反応］　塗り薬用のへらを手に持ちますが、それを口に持っていったり、ウサギさんの口に押し込もうとしたりします。

◆こうしてみたら！◆　共同行為の方法で、ウサギに「よしよし」してあげましょう。子どもの手でウサギの足をなでるようにします。

こう言いましょう。『ウサギさんはケガをしたの。かわいそうなウサギさん。ウサギさんを治してあげましょう！』

④わたしの子ネコちゃん

子どもにその子の大好きなおもちゃ、たとえば子ネコを見せましょう。背中の毛をなでてください。ネコをかわいがっていることや、ネコといっしょに遊ぶようすを演じてみてください。

こうお話ししましょう。『わたしの子ネコちゃん！　かわいい子ネコちゃん！　いい子・いい子！』

☺［子どもの反応］あなたの気持ちや行為を再現します。ネコをなでなでします。

◇次につなげよう！◇かわりばんこにネコをなでてあげましょう。

☹［子どもの反応］ネコをつかんでいます。

◆こうしてみたら！◆共同行為の方法で、子どもの手でネコをなでるようにします。こうお話ししてください。『わたしの子ネコちゃん！　かわいい子ネコちゃん！　いい子・いい子！』

⑤二人で踊ろう

子どもにダンスの動きをしてみせます。人形の手をとって部屋の中をぐるぐる回ります。こうお話ししましょう。『私たちダンスしているの、ほらみて！』（お子さんが歩かないときは、腰かけたままダンスを演じ、左右に体の向きをかえるようにします）。

☺［子どもの反応］動きを再現します。

◇次につなげよう！◇よく見守ってください。パートナーになる人形を替えながら2〜3回、遊びをくりかえしましょう。

☹［子どもの反応］　人形を持ちますが、ダンスの動きをしません。
◆こうしてみたら！◆子どもが両手で人形の手をとるようにし、部屋の中をぐるぐる回るか、あるいは身体を回すようにしましょう。『踊りましょうよ。さあ、こうよ！』

⑥ママのお手伝い

片づけかごの中におもちゃを集めるお手伝いをしてくれるよう子どもに言います。
こうお話ししてください。『えらいわ、サーシャ、ママのお手伝いさん！』（歩かないお子さんであれば、袋からかごにキューブを入れ替えてもらいましょう）。

☺［子どもの反応］　おもちゃをかごに集めています。
◇次へつなげよう！◇よく見ていてください。子どもをほめてあげましょう。くりかえすのもよいでしょう。

☹［子どもの反応］　部屋の中を走り回り、おもちゃを集めようとしません。
◆こうしてみたら！◆子どもの見ている前で、片づけかごにおもちゃをいくつか集めて見せます。そのかごを子どもに渡し、さらにおもちゃを一つ入れてみせてください。そして残りのおもちゃをひとりで片づけてくれるように頼んでみてください。

⑦ウサギさん、ウサギさん、私たち友だち！

箱からおもちゃを取りだしましょう。ウサギです。「ウサギがはねる」ところをモノ遊び行為として見せましょう。手でウサギのおもちゃを持って、机の上でリズミカルにぴょんとウサギが跳ねているようにしてみせます。ウサギさんとお友だちになるように言います。そしてウサギと同じように両足でジャンプしてみるように言ってください。

こうお話ししましょう。『ウサギさん、ウサギさん、私たち友だち！　ピョン・ピョン、ピョン・ピョン！』

☺**［子どもの反応］**両足でジャンプし、笑っています。

◇次につなげよう！◇よく見て元気づけ子どもをほめてあげましょう。こうして2〜3回くりかえします（はじめは、ウサギをジャンプさせ、それから自分ひとりでするように言いましょう）。

☹**［子どもの反応］**ジャンプしません。あるいはジャンプするけれど、片足でかわるがわるジャンプしています。あるいはジャンプしないでしゃがみこんでしまいます。

◆こうしてみたら！◆子どもの肘を持つようにして支え、（できる範囲内で）ジャンプするよう促してみます。

こうお話ししてください。『ウサギさん、ウサギさん、私たち友だち！　ピョン・ピョン、ピョン・ピョン！』

3 日常生活のスキル

（1）身辺自立の習熟

身辺自立の獲得（スプーンを使う、自分の身体や髪の手入れ、清潔にする、などのスキル）は、子どもの社会的な発達において重要なことです。それは、その子どもの自主性の現れや、現実の世界に自分がいると自覚する最初の一歩を証明しています。

身辺自立の教育は、ふつう家庭内でなされるものですね。大人は自分を手本にして多くのことを子どもに教えることができるわけです。でも遊び場面を生かすと教育の効果はさらに高まります。お人形に食べさせるとか、散歩に出かけるときに着たり脱いだりするとか、お人形の暮らしを考えたり、お人形を相手にやりとりする方法を身につけたりすることは、身辺自立の習慣を知ることにつながっていきますし、それらのことが後に実生活の場面で定着していくのです。

遊びの例

①お手てを洗いましょう

水の入ったタライを用意してください。水面には少しだけ石けんを泡立てておきましょう。両手を水に入れ、次のような行為をしてみせます。手のひらを互いにこすりあわせて、指と指の間に石けんがつくようにしてください。

こうお話ししましょう。『手を洗いましょう。両手がきれいになるようにね！』

子どもがあなたの行為を再現するように、つまり両手を洗うように促します。

☺**「子どもの反応」** 両手を水の中に入れ、石けんの泡を取り、手のひらを合わせ、指と指の間に石けんが届くようにしています。

◇次につなげよう！◇共同行為の方法で子どもの手洗いを手伝います。

☹**「子どもの反応」** 水に手を入れ、指先で泡をとり、手のひらで泡をたたいています。あるいは両手で水面をかき回しています。

◆こうしてみたら！◆子どもの両手を自分の両手にのせるようにして、いっしょに行為をしてください。こうお話ししましょう。『お手てを洗いましょう。両手がきれいになるようにね！』

②手のひらで石けんの泡をすくいましょう！

子どもに石けん水の入ったタライを示し、水面にある泡を手に取ります。子どもの注意を次のような行為に向けましょう。手の『ひしゃく』ができるように両手の手のひらの小指側をくっつけて、泡をすくい、その後で手のひらをあわせ、泡が指と指の間に入り込むようにして見せます。こう言いましょう。『一つ．手のひらと、二つ．手のひらをひしゃくにして、泡をすくいましょう！』

☺**[子どもの反応]** あなたの行為を再現します。

◇次につなげよう！◇子どもといっしょにやり、心から子どもをほめてあげましょう。

☹**[子どもの反応]** 水に手を入れ、指先で泡を取り、両手のひらで泡をたたきます。あるいは水面を手で回します。

◆こうしてみたら！◆子どもの手をとって子どもの手で遊び行為をするようにしましょう。こうお話ししてください。『一つ．手のひらと、二つ．手のひらをひしゃくにして、泡をすくいましょう！』

③タオルで手を拭きましょう

子どもが手を洗った後、拭くように促します。タオルの使い方をやってみせましょう（右手でタオルをとって、左手を拭き、次に手を替えます）。

こうお話ししてください。『お手てを拭きましょう。手が乾くようにね！』

子どもがあなたの行為をくりかえすように促してみましょう。

☺**［子どもの反応］**　できる範囲であなたのしたことを再現しています。一方の手でタオルを持ち、それでもう一方の手を拭いています。

◇**次につなげよう！**◇よく観察しましょう。お人形と遊んでみるようにさそいます。お人形の手を洗って、タオルで拭くという遊びです。

☹**［子どもの反応］**　手でタオルをつかむか、両手のひらで触ります。

◆**こうしてみたら！**◆子どもの両手で遊び行為をさせてみましょう。こう話すとよいでしょう。『お手てを拭きましょう。手が乾くようにね！』

④お人形の顔を洗いましょう

大きめの人形と水の入ったタライを子どもに示します。こう言ってください。『お人形さんの目がさめたよ。さあ、お顔を洗ってあげましょう！』

『洗顔』をやってみせます。左手でお人形の頭をタライに向けて傾け、右手で水をすくって、お人形の顔を洗います。子どもに同じようにしてごらんとすすめてください。

☺**［子どもの反応］**できる範囲で行為を再現しています。

◇次につなげよう！◇必要に応じて人形の足を支えますが、子どもには左手で人形を支え、右手で洗うことを思い出させるようにしてください。遊び終えるころには、手のひらで水をすくい自分自身の顔を洗えるようになろうね、と子どもにもちかけましょう。自分の顔を洗えるように。

☹**［子どもの反応］**人形をつかんで、頭を水の入ったタライにつけています。あるいは、両手の手のひらで水をバチャバチャさせ、水をはねちらかしています。

◆こうしてみたら！◆タライの水を少量にします。底すれすれに。子どもには両手でタライのふちを持つように言い、あなたは子どもの背後から人形の顔を洗ってみてください。こう話しましょう。『お人形さんの目がさめたよ。さあ、お顔を洗ってあげましょう！』その後で、子どもに右手で人形の顔を洗うように求めてみます。必要に応じて共同行為の方法を使い手伝ってあげましょう。

お人形をタライの隣に座らせて、不随意的な動きを加減しながら、一通りの行為を子どもの手で行わせることもよいでしょう。

⑤自分を洗う

水道のカラン（蛇口）のところに子どもを連れていきましょう。顔の洗い方を子どもに見せましょう。水受けに手を入れ、カランを開いて水を満たし、そして顔を洗ってください。よく知られているフレーズを言うとよいでしょう。『お水よ、お水、私のお顔を洗ってちょうだいね！』
ひとりでこの行為を再現できるよう子どもを促します。

☺**［子どもの反応］**できる範囲であなたのしたことを再現していますし、よろこんでいます。

◇**次につなげよう！**◇子どもが顔を洗った後、好きなお人形の顔を洗ってみたら、とすすめましょう。

☹**［子どもの反応］**指で水の流れをつかもうとし、手のひらを入れて、水をまきちらしてしまいます。

◆**こうしてみたら！**◆水の流れているところに、共同行為の方法で子どもの一方の手のひらを入れ、片手で顔を洗う行為をしましょう。もう一方の手でもくりかえします。
こうお話ししてください。『お水よ、お水。私の顔を洗ってちょうだい！』

⑥お出かけの用意をしましょう

子どもには、二つの人形と人形用の服を見せてください。帽子も二つ、スニーカーも二足です。一人の人形を相手に、モノ-遊び行為をします。つまり帽子をかぶせ、スニーカーをはかせるのです。

こうお話ししましょう。『お人形さんはお外に行きましたが、帽子とスニーカーを忘れてきちゃったの。お外に行くのを手伝ってあげて！』

あなたのした行為をくりかえすように促しましょう。もう一人の人形がお出かけする用意をしてくれるように求めましょう。

☺**［子どもの反応］**　行為を再現し、お出かけするお人形の用意をしています。

◇次につなげよう！◇子どもの行為をよく観察しましょう。ほめてあげてください。もう一人の人形のお出かけの用意をしてくれるようにもちかけます。

☹**［子どもの反応］**　あなたのしたことを再現しません。人形や帽子やスニーカーをつかみ、怒っています。

◆こうしてみたら！◆まず子どもに帽子だけを渡し、次にスニーカーを渡して、ようすを見ましょう。必要に応じて、共同行為の方法を用い、子どもを援助しましょう。こう言いましょう。

『ほら、帽子よ。帽子は頭にかぶるのね。ほら、これはスニーカー。スニーカーは足にはくのね。あら、もう一つスニーカーがあるわね。もう一方の足にはかせましょう！　えらいわ。ターニャ、お人形はお出かけできるわね！』

⑦お出かけしましょう

散歩しながら、子どもに身につけているものを示してください。帽子、てぶくろ、ブーツです。お外に行くときは自分ひとりでしてみようね、と提案します。

こうお話ししてください。『お外に行きます。ブーツを足に、帽子は頭、てぶくろは手につけましょう！』

☺**［子どもの反応］**　ひとりで身につけています。

◇**次につなげよう！**◇よく見ましょう。子どもをほめましょう。『えらいわ、ペーチャ、自分でブーツも帽子もてぶくろもできたわね！　ペーチャはお出かけの用意ができました！』

☹**［子どもの反応］**　身を引いています。大人がしてくれるのを待っています。

◆**こうしてみたら！**◆お人形を持ってきて、帽子をかぶらせてみましょう。子どもにも自分も帽子をかぶせるよう求めます。こうお話ししてください。『えらいわ、アントン！　自分で帽子がかぶれたね！　アントンはお出かけの用意ができました！』。ブーツやてぶくろも同じようにしましょう。

⑧だれのくつ？

こんな場面を活かしましょう。二人の人形（大きいものと小さいもの）がお客にやってきて、くつを脱ぎましたが、どっちがだれのくつかわからなくなってしまいました。子どもに二足のくつを見せます。大きいくつと小さいくつです。お人形が自分のくつを見つけられるよう手伝ってあげて、と提案してみましょう。

こうお話ししてください。『大きい人形には、大きいおくつ。小さい人形には、小さいおくつね！　大きいおくつをはかせてから、小さいおくつをはかせましょう！』

☺**［子どもの反応］**試行錯誤（消去法）によって、二人の人形の足にくつを試しています。

◇次につなげよう！◇子どもをほめてあげましょう。『えらいわ、ターニャ！　正しくはけました。大きいお人形は、大きいおくつ。小さいお人形は、小さいおくつね！』

そして人形と、ゆりかごやままごとをして遊ぶようにもちかけます。

☹**［子どもの反応］**お人形にくつをはかせようとしますが、大小ごちゃごちゃになってしまいます。

◆こうしてみたら！◆一人の人形に一足のくつ、で試してみましょう。そこにあるくつを人形にはかせてみるように提案します。こうお話ししてください。『えらいわ、ターニャ！　お人形がくつをはくのをお手伝いしたのね！』

⑨お人形の歯磨きをしてあげよう

児童用歯ブラシとペーストのチューブがおいてあるトレーを子どもに見せます。そしてお人形の歯をきれいにするから手伝って、とさそいましょう。

こうお話しします。『お人形が歯磨きするお手伝いをします。お人形の歯がきれいになるね！』行為を示します。ペーストを少し歯ブラシにとり、それを人形の口で動かし、歯を磨いているようにしてみせます。あなたのしたことを再現してみるように促します。

☺［子どもの反応］できる範囲であなたの行為を再現しています。

◇次につなげよう！◇子どものすることを調整しましょう。ブラシを握る子どもの手の動きを加減し、ペーストが人形の口のまわりをよごさないようにします。

☹［子どもの反応］ペーストのついた歯ブラシを手にとり、手を回したり、上下に動かし、人形の顔をペーストだらけにしてしまいます。

◆こうしてみたら！◆子どもの動きの強さを軽く加減し、ペーストのついた歯ブラシが人形の口におさまり、やや細い動きになるように手伝います。

⑩自分ひとりで歯磨きをしよう

このような場面を生かしましょう。お人形は目が覚め、顔を洗ったり、歯を磨いたりしたいのですが、どうしたらよいのかわかりません。

子どもに水の入ったタライとペーストのついた歯ブラシを示します。こう言いましょう。『どうやって顔を洗い、歯を磨いたらいいか、お人形さんに教えてあげて！』

☺**［子どもの反応］**できる範囲で行為を再現しています。自分も顔を洗い、人形の顔も洗うことができ、自分の歯も磨き、人形の口唇にもブラシを当てることができるかもしれません。

◇次につなげよう！◇子どもの動作を調節してください。軽く子どもの手を支えて、動作と行為がより正確になるようにしてください。こう言ってあげましょう。『顔を洗います。歯を磨きます』

☹**［子どもの反応］**水をまきちらかしはじめ、手で人形の顔にペーストをぬるか、歯ブラシで人形を突いたりし始めます。

◆こうしてみたら！◆ 歯磨き用品を選ぶよう子どもに求めましょう。こうお話ししてください。『お人形が歯を磨くのを手伝って！』

共同行為によって人形の歯を磨きます（歯ブラシを人形の口に持っていき、細かな動きをします）。それから自分が上手に歯を磨けるかやって見せてくれるように提案します。こう言いましょう。『じゃあ、今度は自分ひとりで歯磨きしてみようね！』

⑪ブラシで人形を洗います

この遊び用に、水の入ったタライ、小皿に手洗いの液体洗剤と、小さなブラシを用意してください。

次のような場面にします。お人形は身体を洗ってもらいたがっています。人形を洗う過程を子どもに見せてあげましょう。次のようにお話ししてください。『お人形を洗いましょう。洗剤にブラシを浸し、さっとブラシでこすります。手、次に足、そしておなか。お人形は清潔できれいになったわね！』

次に子ども自身に人形を洗ってもらえないかともちかけます。

☺**［子どもの反応］** できる範囲で行為を再現しています。

◇次につなげよう！◇別の人形やプラスチック製の好きなおもちゃを洗うように頼んでみましょう。

☹**［子どもの反応］**人形やブラシをつかみ、水をまきちらし、ブラシでタライのふちをたたいています。

◆こうしてみたら！◆洗剤は使いません（ブラシで人形を洗うように提案しましょう）。子どもといっしょにブラシを水の中に浸し、人形の手、足、お腹、などをブラシでさっとこすりましょう。こうお話ししてください。『お人形を洗いましょう。お人形がきれいになるね！』

⑫髪をとかしましょう

髪の長い人形とヘアブラシを見せましょう。子どもの見ている前で人形の髪をとかしてみせ、それから子どもにヘアブラシを渡し、まずお人形の髪をとかし、次に自分の髪をとかすようにお願いしましょう。

こうお話ししてください。『お人形の髪をとかすの、そして自分の髪もとかしましょう』と。

☺**［子どもの反応］**あなたのしたことを再現しています。

◇次につなげよう！◇もう一度、遊んでみるように言います、遊びのおしまいにはいっしょに人形の髪にリボン結びをつけましょう。

☹「子どもの反応」 行為を再現せず、ヘアブラシで人形の頭をたたいています。

◆こうしてみたら！◆ 共同行為を求めていっしょに人形の髪をとかします。こうお話ししてください。『お人形の髪をとかしましょう。お人形がきれいになるわ！』

⑬マトリョーシカにオートミールを食べさせよう！

次のような場面を考えましょう。マトリョーシカがお客に来ます。子どもの目の前で3ピースのマトリョーシカを並べます。子どもにはスプーンと子ども用のシチュー鍋を渡します。こう言ってください。『マトリョーシカにごはんをあげましょう。オートミール、おいしいね！』

次のような遊び行為を子どもにもちかけます。オートミールをすくって、順番にマトリョーシカに食べさせるよう促しましょう。

☺「子どもの反応」 行動を再現します。

◇次につなげよう！◇ 他のおもちゃの人形にも食べさせることを提案します。

☹「子どもの反応」 行為を再現せず、スプーンや鍋でテーブルをたたいています。

◆こうしてみたら！◆マトリョーシカを一つだけ残して後は片づけましょう。そして、スプーンの使い方を子どもにやってみせます。

こう言いましょう。『ねえ、マトリョーシカ、オートミール、おいしいね！』

（2）清潔にする習慣

子どもが自主性を獲得するために必要不可欠なソーシャルスキルのうち、特別な位置を占めているのは、清潔を保つスキルです。自分の身を清潔にするスキルは、身体的な要求と同様、精神的な要求にもかかわってきます。

食事における清潔さ、外見的な清潔さなどは、いろいろな方法によって教育されますが、大人自身がお手本になることもその一つです。清潔に関連する社会習慣は、就学前のすべての時期を通して定着していきます。

清潔にする初歩的なスキルは、自分の身体に気を配り、具体的な行為がうまくできることに慣れてくると形成されますね。オマルに慣れること、それは子どもの人生にとって重要な段階です。つまり本質から言って、自分の最初の欲求を自覚し始め、子どもはそれを満足させるために能動的になります。幼児期の早いうちならば子どもには情動面での支えと、この行為を定着させる一定の手順とシステムが必要ですね。それによって子どもは日課に慣れていくのです。

衛生と身辺自立の習慣は、清潔感が形成されるための次の段階です。ですから手、身体、衣服が清潔であること、器用に食事や食器の利用ができること、さまざまな場面で身辺自立ができること、このようなことは社会生活の一部になっているのです。

●――子どもが身体的な清潔さに慣れていく場面

①幼児がオマルに慣れるまで

幼い子どもには1～2.5時間ごとに腰かけさせてください。

☺［子どもの反応］正しく対処できています。

◇次へつなげよう！◇子どもをほめてあげましょう。

☹［子どもの反応］緊張と困難さを示しています。

◆こうしてみたら！◆オマルにひざまづくようにして座るか、またはひざとひざの間に置くようにして、子どもの足を支えて、バランスを調整してあげましょう。

②より年長児をオマルに慣れさせましょう[5]

子どもの反応を観察しましょう。1時間ごと、2時間ごとに情動面と運動の能動性についてよく見守りましょう。

☺［子どもの反応］自分の要求を示します。すなわち、姿勢を変えたり、うなったり、音を出したり、同じ姿勢で固まっていたり、いきんだり、大人の顔をみたり、などです。

◇次へつなげよう！◇声は小さくとも心を込めて子どもの行為をほめてあげましょう。そしてオマルのところに連れていき（またはオマルを差し出し）、脱ぐのを手伝い、子どもの動きと行為を加減してみましょう。

☹［子どもの反応］大人の注意をひいた後、行為を拒否します。反応を示すことをやめ、首をふっています。

◆こうしてみたら！◆子どもがオマルに座るのを援助し、子どもをよく見守ってください（5〜10分以内）、小さな声で何か別のことを話題にしてみましょう。

(3) 清潔な日常生活

日常生活上の清潔と関連したソーシャルスキルの主なものをあげてみましょう。

・手、身体、顔のケア
・鏡を使うスキル
・着脱のスキル
・スプーンや食器を使うスキル
・衣服を棚にしまい、くつを下足入れにしまうスキル

このようなソーシャルスキルは、遊びの場面でも実際の場面でも形成されます。幼い子どもたちも、そして社会化していくことに困難があるやや年長の子どもたちも、大人の助けを得て日課としてのタイミングで獲得していきます。たいていの場合、子どもたちが関心を持つのは行為の過程であって、その結果ではありません。具体的な行為を教えることは子どもたちにとっては遊びとして受けとめられているのです。

遊び場面では、モノを対象とする行為が形成され、周囲の世界を自覚するようになっていきま

5　手術や、重度の頭部外傷の後で、社会的、運動的、知的発達の著しい困難さがみられる子ども。

す。すなわち子どもは自主性を現しながら自分で行為することを始めます。『自分ひとりで』現象は、遊び場面で行為手段を習得する道を拓きます。そこでは大人が社会的生活の現実を反映させながら、モノの使い方や行為の仕方を個人的な経験として伝えていくのです。

第3章●遊びの教材を生かして、ソーシャルスキルをのばしましょう

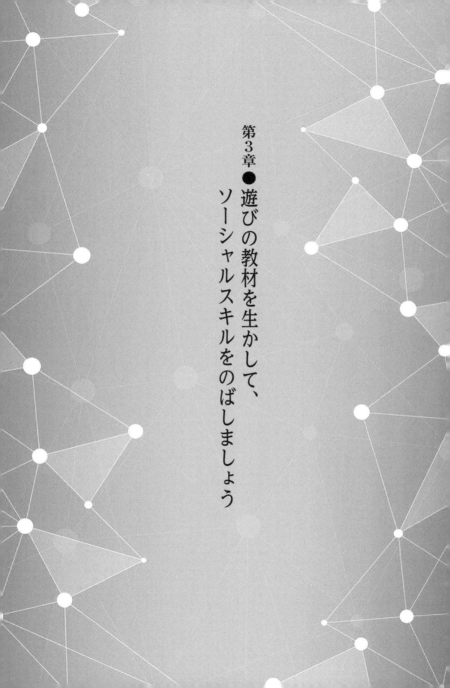

子どもは人生のどんな瞬間にもソーシャルスキルを獲得していますね。日課の時間でも、大人と遊んでいるときも、子ども同士のコミュニケーションのときも、散歩のときも、レジャーのときにも、自由に遊んでいるときにも、です。

今どきの保護者のみなさんは、自分の子どもが少しでも早く一人でできるように、少しでも早く社会的な人間になってほしい、と願っています。親たちは子どもに特別なおもちゃ（音楽装置付のもの、影絵スクリーンなど）を買い与え、遊び場面をつくり、絵を描かせたり、あるいは「頭のよくなる本」を読んであげたりします。子どもが生産的な活動をしていてさえも親たちは、さらにいろいろな点を考え、それにふさわしい道具（えんぴつ、えのぐ、積み木など）にこだわったりします。子どもがいつも新鮮な印象を持てるように、今あるものを使い組み合わせて利用することもしてみましょう。ある一つのおもちゃ（車、人形、キューブ、子ども用の食器、肌ざわりのよいぬいぐるみ（毛糸・布類のおもちゃ）など）は日常的な遊びのおもちゃでもあり、一方で特定の遊びをレッスンするためのものにもなります。それぞれの収納ボックスごとに、えんぴつや筆、動物や鳥や昆虫のセット、毛糸や布のおもちゃ、積み木類が入っていると思います。

言うまでもなく、これらはすべて社会的な教育で直接使われるものですね。いろいろな遊び教材をその役割どおりに利用すること、それもまた大人が子どものために準備している能動的な社会生活の一部でしょう。

ソーシャルスキルを形成する過程には、知覚、思考、言語、手の運動機能、視覚、運動協応の発達というような局面があります。それはこれまで覚えた行為（身ぶり、ことば、あるいは手の運動）がいろいろな場面でくりかえされながら形成されていくという意味です。たとえば、それはこんなときに起きていますよ。ある子どもは、自分の名前を呼ばれたとき、それに反応して他の子どもたちの中から自分自身を区別するスキルを学んでいるのです。はじめのうちは共同行為を通して、その後には大人の模倣をして、子どもは手のひらや人差し指をつかって自分を示し、『ワタシ・ボク』という単語と自分の名前を聞いて、その後も同じような方法で他人やおもちゃを区別することを学んでいくのです。

情動と結びついた日常生活の場面は、はじめのうちは人形や動物のおもちゃを相手にした遊びの中で生じ、その後は生活そのものの中で何回もくりかえされます。大事なのは、このようなとき大人はことばで表現し、情動をはっきりと示すことです。これはコミュニケーション手段の形成を促すだけではなく、相手と目と目をあわせて話す、ほほえみながら手を握る、同意の合図や音声をし、感謝や拒否をする、というようなコミュニケーションを育みます。同時に、相手の感情受容や、他者の状態（痛い、寒い、興奮している、喜んでいる、悲しんでいる、助けを求めているなど）の理解力をも養っているのです。

ソーシャルスキルに含まれるものとして、身辺自立と衛生面のスキルもあげられますね。子どもにとって、就学前の時期すべては、次のようなスキルを形成し定着させる段階であると言ってよいでしょう。

1　自分の顔や身体をケアするスキル

一日に2回、朝、晩、顔を洗うことに慣れさせるのは大事です。顔を洗う手続きは、いくつかの、大人にすれば簡単と思うような行為から成っていますが、それぞれの行為は両手の調和的な動きと行為を必要としています（手のひらでおわんをつくる、それで水をすくい、手のひらに水をためる、顔を洗う、など）。同じことが歯磨きについても言えますね。それだけではなく、タオル、ウェットティッシュ、ヘアブラシなどを使う習慣に子どもを巻き込みましょう。

2　エチケットを守るスキル

食事中、食器を正しく用いましょう（スプーンで食べ、スープをこぼさない）。カップやコップで飲みましょう。食事中や食後にナプキンを使いましょう。人形遊びで、『お客』の人数に合わせてテーブルの用意をしてみましょう。

3　衣服やくつを自分ひとりで身につけるスキル

散歩前に集合するとき、友だちのお手伝いをしましょう。

4　きちんとして、秩序を守るスキル

秩序を守る習慣づくりは、「遊びコーナー」のきまりから始められます。子どもは自分のおもちゃの置くべき場所を思い出します。それから戸棚や下足箱のきまりを守ることを学びますね。

5　清潔を保つスキル

大切なソーシャルスキルの一つです。オマルに慣れることは、生後1年から始められ、2歳までには確実になりますが、なかには長びく場合もあるでしょう。このスキルを形成するためには、我慢と手順が必要です。オマルをその役目どおりに用いる手続きが定着するには一日のうちに何回も一定のことばと行為をくりかえさなければなりませんね。

6 大人の話をきくソーシャルスキル

コミュニケーションに関心を持たせるために大切なのは、大人の話をきくソーシャルスキルです。勉強中や遊んでいるときに大人からのお願いや課題を実行することです。このようなスキルを形成する過程が上手く進むかどうかは、自分や自分のしていることに子どもを注目させる大人の養育技術と遊びの技術に多くの点でかかっています。

周囲との相互やりとりにとって有効なソーシャルスキルを子どもに養う現実的な手段は、発展する遊びをしていくこと（たとえば、水や粒状の材料を使った遊び）や生産的なタイプの活動（ねんど、お絵かき、組み合わせ、はり絵など）でしょう。

ここに示す一連のシリーズは、簡単な遊びと練習から成っていますが、子どもの多くは、水や豆粒、積み木などを使うこのようなモノ-遊びをたやすく行うことができるでしょう。でもこれらの遊びをもとに変化をつけてさらに工夫することができ、そうすることによって子どもの個人的な経験を豊かにし、既知のおもちゃやモノと相互やりとりをしていく新しい道が開拓されるでしょう。そうして目的に向けられた行為が発達し、身近な大人や同じ年ごろの子どもたちとコミュニケーションをする場が生まれ、社会的な行動が育まれますね。

1 水を用いる遊び

水を使った遊びは、子どもの時にはなかなか説明できにくい新しい印象の世界を子どもの社会的体験として味わわせてくれます。水は途切れることがなく、力があり、流動的で平面にとどめておくことのできないものだ、と子どもは知るのです。

水という物体を知ることへの社会的な関心は、特別な行為（手を使う行為やモノ–遊び行為）によって大きく呼び起こすことができますね。それは水と相互やりとりをするときに使うモノを子どもに工夫させます。泡でモノをくるんだり、空の容器に水を満たしたり、その後で量を加減したり、水の作用でモノの新しい特性が示されたり（沈む、沈まない）、すべてこれらのことは、子どもにとって忘れがたい経験であり、子どもは、それを水の世界を探索してこそ味わうのです。水とは外界の自然の一部である、と体験するのです。

遊びの例

①ぐるぐるまわそう（手の行為）

子どもの前に水の入ったタライを置きましょう。その中に右手を入れて、水面に触れたまま円運動をします。途中で反対まわしにします。

こうお話ししてください。『ほら、ほら！　まわる！』

自分ひとりで手をまわしてみるようにすすめましょう。

☺［子どもの反応］やる気を出して反応し、あなたのしたことを再現します。

◇次につなげよう！◇軽く子どもの肘を支え、手の振りの大きさを加減しましょう。

こう話してください。『ほら、ほら！　まわる！』

☹［子どもの反応］気持ち的に反応しますが、水面をバチャバチャし、水をまきちらします。

◆こうしてみたら！◆子どもといっしょに共同行為の方法で手で水をまわす運動をし、反対方向にもまわします。

こう言いましょう。『ほら、ほら！　まわる！』

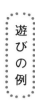

②お魚

前もって子ども用バケツを用意し、中にプラスチック（またはゴム）製の魚を入れておきます（6～7匹）。バケツを左手で持ち、右手で子どもの目の前で魚を1匹入れ、それから2匹目を入れます。子どもにあなたのしたことをやってみるように言います。つまり一方の手で魚の入ったバケツを持ち、もう一方の手で魚を水の中に入れる（放す）のです。こう言いましょう。『おさかなさん、おさかなさん、水の中へポチャン！』

☺**［子どもの反応］** 気持ち的に反応し、あなたの行為を再現します。バケツを持って水の中に魚を入れ、セリフをくりかえします。

◇次につなげよう！◇ この遊びを何回かくりかえしますが、バケツの魚を予め集めておきます。子どもに網で魚をつかまえさせてもいいでしょう。

☹**［子どもの反応］** 気持ち的に反応しますが、手のひらで水面をバチャバチャし、水をまきちらし、魚を投げたり床にすてたりします。

◆こうしてみたら！◆ バケツを持ち、子どもに魚を1匹ずつ渡し、水の中へ入れるように求めます。それを2～3回くりかえします。

子どもが魚を床に落とすことをやめ、立ちすくんでいたなら、自分でバケツの中から魚をつかまえるようにすすめてみるのもよいでしょう。

③網

水の入ったタライとバケツ、大小２匹の魚を用意します。こんな場面にしましょう。『むかしむかし、おさかなが2匹いました。１匹は大きくて、もう１匹は小さいおさかなでした。おさかなさんはタライで泳いでいます。たくさん水があります。おさかなさんは知りたがっています。バケツの方では、泳ぐことができるのかしら？ そっちにはお水がたくさんあるのかしら、少ししかないのかしら？ さあ、網でおさかなをすくってバケツに放して、試してみましょう！』

魚を網でつかまえ､それをバケツに移してみるようにもちかけてみましょう。こう言いましょう。『おさかな、大きいの！ おさかな、小さいの！』

遊びのおしまいには、きいてください。『おさかなたちはバケツの中で泳いでいられるかしら、どう思う？ バケツの中には水がいっぱい？ それとも少ない？』

☺**［子どもの反応］** やる気で反応し、遊び行為をします。網で魚を捕り、セリフを再現しています。

◇次につなげよう！◇ 何回か、この遊びをくりかえしましょう。タライの中にいろいろな大きさの魚を入れるといいでしょう。

☹**［子どもの反応］**気持ちは反応していますが、手のひらで水面をバチャバチャし、水をまきちらし、両手で魚をつかみ、床にすてます。

◆こうしてみたら！◆底すれすれにタライに水を入れ、水の中に1匹だけ大きな魚を入れましょう。共同行為の方法を用いて、網で水中の魚をすくってとります。その後で小さい魚を入れて、子どもに行為をくりかえすように求めましょう。魚を一人でつかまえるように言うのです。

こう言いましょう。『つかまえて！　大きいおさかな！　つかまえて！　小さいおさかな！』

④沈む―沈まない（手の行為）

水の入ったタライと小石の入ったバケツとインゲン豆の入ったバケツを用意してください（他の細かな粒状のもの2種類――沈むものと沈まないものでもいいでしょう）。水の入ったタライに、順番にインゲン豆と小石を一つずつ入れるよう子どもに求めます。こうお話ししてください。小石なら『沈む！』、インゲン豆なら『沈まない！』と。

☺**［子どもの反応］**気持ちで反応し、遊び行為をしています（小石とインゲン豆を水の中に入れます）。よろこんでいます。

◇次につなげよう！◇子どもの行為を観察しましょう。おしまいに子どもに網でインゲン豆をすくいとらせ、小石はタライの底に手を入れて取るように求めてください。同時に小石とインゲン豆をバケツにしまいます。

☹［子どもの反応］気持ちは反応していますが、水面を両手のひらでバチャバチャし、小石とインゲン豆を手いっぱいに握り、周囲にばらまき、笑っています。

◆こうしてみたら！◆最初に子どもに1粒ずつインゲン豆を渡し、それを水の中に入れるよう求めます。遊びのおしまいにはインゲン豆を網ですくいとりバケツに入れるとよいでしょう。こうお話ししてください。『これはインゲン豆。これは沈まない！』

その後、子どもに小石を一つずつ渡し、同じように水に入れるよう求めます。遊びのおしまいでは手で小石を拾い、バケツにもどすとよいですね。こう言いましょう。『これは小石、沈む！』

⑤泡をたてる（手の行為）

タライに水を入れ（1リットル以内）、液体洗剤かシャワージェルを大さじ2杯入れます。子どもに次のような行為をやって見せてください。プラスチックの泡立て器でかきまぜ泡を立ててください。

こう言いましょう。『あわ、あわだ、あわができた！』

子どもに泡立て器を使う行為を再現してみようと誘ってください。

☺［子どもの反応］やる気を見せて反応し、あなたの行為を再現し、よろこんでいます。

◇次につなげよう！◇子どもの行為をよく観察してください。泡がたくさんできたなら、子どもにそれを手のひらにすくいとって息を吹きかけてみて、と求めます。こうお話ししてください。『あわ、あわだ、あわができた！　あわがいっぱい！』

☹［子どもの反応］やる気の反応をします。泡立て器をつかみ、それで水面をバチャバチャし、手で泡をつかもうとしています。

◆こうしてみたら！◆子どもの両手をとりいっしょに泡立て器を使い、かきまぜて泡をつくりましょう。こうお話ししてください。『あわ、あわだ、あわができた！　あわがいっぱい！』

⑥**水を移す。からっぽ―いっぱい**（道具的行為）

プラスチックのコップを4個用意してください。

子どもの目の前で、たる（ミルクジャー）から水を第1番目のコップに注ぎます（半分以上）。こう言いましょう。『コップは、いーっぱい！』

次に水の入ったコップを持ち、その水を第2番目のコップに移します。こう言いましょう。『このコップは空っぽ、でもこっちは、いっぱい！』

子どもに行為をくりかえし、3番目のコップをいっぱいにするよう提案しましょう。

☺［子どもの反応］やる気はありますし、あなたの行為を再現し、コップに次々に水を移していきます。

◇**次につなげよう！**◇子どもの行為をよく見ましょう。遊びのおしまいには、最後のコップの水をたるにもどすよう子どもに言います。こう言いましょう。『コップは全部、空っぽになりました。たるはいっぱいです！』

☹［子どもの反応］やる気はありますが、コップを口に持っていき、飲んでしまうかもしれません。順々に水を移していくことを理解していません。

◆**こうしてみたら！**◆子どもの前のテーブルに置くのはコップ２個だけにします。一つには半分ぐらい水を注ぎ、もう一つは空にしておきます。最初は、あなたひとりで水を一方からもう一方に移してみせてください。こうお話ししましょう。『こっちは空っぽになって、こっちはいっぱいになったよ』

ここで子どもにやってみるようもちかけます。このコップの水をこっちへ移すように。こう言いましょう。『このコップはいっぱいになって、こっちは空っぽになったね！』

⑦**おもちゃを洗う**（モノ－遊び行為）

ゴム製あるいはプラスチック製のおもちゃを二つ三つ、それに水の入ったタライとスポンジを用意してください。こう言いましょう。『おもちゃがよごれちゃったわ、スポンジで洗いましょう。さあ、こうして！』

おもちゃを一つを水の中にしばらく浸して、それから手をリズミカルに動かして、おもちゃの表面をスポンジでこすってください。子どもには、別のおもちゃであなたのしたことをやってみるようにもちかけてみましょう。

☺［子どもの反応］ やる気になって、あなたの行為を再現し、よろこんでいます。

◇次につなげよう！◇ 子どものすることをよく見ていましょう。ナプキンを用意して、遊びのおしまいにはその上におもちゃを置かせましょう。

☹［子どもの反応］ やる気になりますが、おもちゃを水の中に入れ、それに水をかけたり、手のひらで水面をバチャバチャしたりしています。

◆こうしてみたら！◆ 水の入ったタライに入れるおもちゃは一つにし、子どもがそれをスポンジで洗えるよう手伝い、その後で自分ひとりでやってみるよう促します。

子どもが落ちついているようならば、別のおもちゃを洗うようにすすめます。こう言ってください。『ペーチャ、がんばったね。ウサギさんを洗っています。ウサギさんは、きれいになるね』

⑧お人形のプラトークをきれいにしましょう（モノ－遊び行為）

水の入ったタライとプラトーク（あるいは20センチ四方の布）を用意しましょう。こうお話ししてください。『お人形のプラトークをきれいにしましょう！』プラトークを水の中に入れ、端と端で、洗たくするようにこすり合わせます。子どもにあなたのしたことをやってみるようにすすめます。

☺［子どもの反応］あなたの行為を再現し、いっしょうけんめいしています。

◇次につなげよう！◇子どもの行為をよく観察しましょう。子どもには別の物、たとえば人形用の服をきれいにしようと提案してください。

☹［子どもの反応］やる気をみせてプラトークを水につけ、また取り出し、タライの周りに水をまきちらしています。

◆こうしてみたら！◆タライの水を底すれすれ（2～3センチ）にしましょう。こうやって見せてください。プラトークを広げて水に浸し、それをタライの底に押しつけます。そして上にあげ、しばらく待ち、プラトークから水が切れるようにします。子どもには、あなたのしたことを再現するように求め、必要に応じて『手に手を添える』方法で子どもを手伝うようにしましょう。こうお話ししましょう。『お人形のプラトークをきれいにしましょう。入れて、上げるのよ！』

⑨お花に水をあげましょう（モノ-遊び行為）

子ども用のじょうろ、水の入ったビン、鉢植えの花を用意しましょう。

こう言ってください。『お花が水を欲しがっているわ。お花にお水をあげて。じょうろに水を入れましょう』

ビンからじょうろに水を入れ、それからお花に水をあげるように促してください。

☺**［子どもの反応］** 教示を聞き、その通りに行い、いっしょうけんめいやっています。

◇次へつなげよう！◇子どものしていることをよく見守りましょう。他のお花にも水をあげるようすすめてください。

☹**［子どもの反応］** やる気はあります。じょうろやビンの中に指を入れようとし、水をいじろうとします。

◆こうしてみたら！◆前もってじょうろに少しだけ水を入れておき、子どもにはお花に水をあげるように提案します。必要に応じて、子どもの肘を支えてあげてください。

こう言いましょう。『お花に水をあげて、お花がお水を欲しがっているわ！』

⑩船（モノ–遊び行為）

この遊びは床でします。子ども用のバスタブに水を入れて、ひもの付いている船のおもちゃを用意してください。船を水に入れ、子どもに行為を見せます。バスタブの周りを歩きながら、ひもで船を引きます。

こうお話ししてください。『お船が動くように手伝って！』

ひもで船を引くように促しましょう。

☺［子どもの反応］ バスタブの周りを歩いたり走ったりし、ひもで船を引っぱります。

◇次へつなげよう！◇ 子どもの行為をよく見ましょう。第2の船を使って子どもといっしょに周りを歩くのもよいでしょう。

☹［子どもの反応］ やる気はあります。水に触れようとして、ひもを引いて船を水から引っぱり出してしまいます。

◆こうしてみたら！◆ バスタブの壁から壁まで手で船を動かしてみるよう提案しましょう。こう言ってください。『お船はあなたの方に行きます。今度は私の方に来ます。さあ、お船を動かして！』

⑪色のランプ

透明なコップを二つ三つ、半分くらい水を入れておき、グアシュ（赤、黄、青のえのぐ）と大きめのハケを用意してください。子どもにはハケをグアシュに浸して、水の入ったコップの中でかき混ぜてください。

こう言いましょう。『私たち、魔法使いよ！　コップを色のランプに変えちゃおう！』

☺［子どもの反応］　あなたの行為を再現します。ハケでかき混ぜます。

◇次へつなげよう！◇　子どもの行為を見守りましょう。この遊びを何回かくりかえします。子どもには色のついた水にハケを入れてみるように提案しましょう。赤と黄、黄と青、青と赤を混ぜるよう促します。

☹［子どもの反応］　ハケをかんでみたり、コップを突いたり、水をまきちらしたりします。

◆こうしてみたら！◆　水の入ったコップを一つだけにします。絵の具の中にハケを浸し、水の中でかき混ぜるよう求めましょう。必要に応じて、『手に手を添える』の方法で子どもを手伝ってあげてください。

こうお話ししましょう。『私たち、魔法使いよ！　透明だったコップが、赤くなりました！』

2 粒状の教材を用いる遊び

水と同じように、同種類の細かな粒々がいっぱいある状態も子どもにとって新しい世界ですね。それらは子どもが大人を模倣しながら社会的コンタクトをつくり続けるための探検材料です。粒状教材は、その変化しやすさ、思いもよらない形状変化をすることが面白いのですね。それは子どもが手による行為やモノ-遊び活動を獲得するときにぴったりのものです。

移しかえたり、手のひらに集めたり、かきまぜたり、また粒状の材料（クリ、くるみ、インゲン豆）を扱ったりするいろいろな行為は子どもの視覚-運動的な可能性に好ましい影響を与え、子どもの思考的、創造的なポテンシャルを開花させてくれます。大人との遊びで何回もくりかえすことによって、日常生活上の行為を改良し、自主性と身辺自立（たとえば食事をする過程で）の教育を促進させます。

粒状の材料は、不連続的でもあり連続的でもある生活でぶつかる、非日常的な特徴を子どもに明らかにしてくれます。幼児期の早いうちでは、これらの特性はモノ-遊び行為の場面で感覚を楽しんで過ごすことができ、とてもわかりやすいものです。

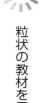

遊びの例

①オートミールをかき混ぜましょう。

ひきわり粉、たとえば、そば粉の入った子ども用シチュー鍋を用意してください。

こんな場面をつくります。ウサギさんがお客にやってきます。オートミールを溶いて、煮て、ごちそうしてあげましょう。次のようなモノ–遊び行為をしてみせましょう。スプーンでひきわり粉をシチュー鍋の中でかき混ぜます。

こう言いましょう。『ウサギさんにオートミールを煮てあげましょうね。まぜて、まぜて、まぜまぜしましょう！』

☺**[子どもの反応]** 行為を再現しています。「オートミール」をまぜています。

◇次へつなげよう！◇ 子どもの行為をよく観察してください。煮えた「オートミール」であるかのように、フーフーしてみようと提案するのもよいでしょう。遊びのおしまいには、おもちゃのウサギさんに食べさせるように、口もとに「オートミール」の入ったスプーンを持っていくよう子どもにすすめましょう。

☹［子どもの反応］スプーンをとり、テーブルをたたいています。5本の指でひきわり粉をつかみ、まきちらします。笑っています。

◆こうしてみたら！◆『手に手を添える』の方法で鍋の中のひきわり粉をまぜまぜしてみましょう。

こうお話ししましょう。『まぜて、まぜて、まぜまぜしましょう！　オートミールおいしいね！』

②豆粒を移しかえる。

子どもの前にボウルを二つ用意しましょう。一つには粒々（ソバの実、エンドウ豆）が入っていますが、もう一つは空っぽです。

こんな場面で遊びます。ウサギさんとネズミさんがお客に来ます。ウサギさんのお皿には豆粒がありますが、ネズミさんのお皿には何もありません。

次の行為をやってみせます。木のさじで豆粒をすくい、それを空の皿に移してください。

こうお話ししましょう。『あげましょう、入れてあげましょう、移してあげましょう。ネズミさんのお皿にも豆があるように！』

子どもにやってみるようすすめます。つまり一つのお皿から豆粒を少しばかりもう一つのお皿に移し、ネズミ用のお皿にも豆粒があるようにするのです。

☺［子どもの反応］モノ遊び行為を再現します。よろこんで、いっしょうけんめいやっています。

◇次へつなげよう！◇子どもの行為をよく観察しましょう。おしまいには、もう一つ別の動物おもちゃ、たとえばリスを示して、リスさんにも少し豆粒を分けてあげるようもちかけてみましょう。

☹［子どもの反応］やる気になって豆粒を移しかえようとしますが、やり方はぞんざいで、さじをうらがえし、時おりそれを自分の口に運びます。

◆こうしてみたら！◆子どもの前にはおもちゃは一つだけ、たとえば熊さんだけにします。共同行為の方法によって、空っぽのお皿に豆粒の一部を移してください。

こうお話ししましょう。『熊さんにお豆をあげましょう。熊さんはおなかがペコペコだよ！』

③砂丘、形態の変化

この遊びは床の上で行います。防水シートを広げます。子どもにソバの実をいっぱいに入れたタライを見せます。

どんなものでもよいので小さなおもちゃを使う場面をつくりましょう。たとえば「砂丘に隠れているトカゲやヘビ」ですね。

やってみせます。手のひらでソバの実をすくい、それを手のひらからおもちゃにかけます。

こう言いましょう。『手のひらで、少しまいてみましょう！』

子どもに続けるように促します。おもちゃをソバの実で埋めて隠しましょう。

☺［子どもの反応］　行為を再現し、よろこんでいます。

◇次へつなげよう！◇子どもの行為をよく見守りましょう。遊びのおしまいには、もう一つ別のおもちゃを埋めて隠しましょう。

☹［子どもの反応］　気持ちはあります。ソバの実をつかみ、それをまきちらし、味見をします。

◆こうしてみたら！◆子どもの手を両側からとって、いっしょにソバの実をすくいとっておもちゃを埋める手伝いをします。

こう言いましょう。『手のひらでいっしょに、ちょっとまいてみようか！』

④クリとインゲン豆

子どもにクリ（6個）と大きめのインゲン豆（10〜15個）をいっしょにまぜてあるボウルと、ひもの付いた小さなトラックを2台を示します。

次のような場面で遊びます。「お店」です。1台のトラックはクリをお店に運び、もう1台はインゲン豆を運びます。

子どもにはクリとインゲン豆を別々のトラックに積むようにおねがいします。

こうお話ししてください。『こっちにクリで、こっちにインゲン豆よ！』

☺［子どもの反応］行為を再現しています。クリとインゲン豆を別々のトラックに積んでいます。

◇次へつなげよう！◇子どもの行為をよく見てください。おしまいには2台のトラックで遊ぼうと提案してください。ひもで引いて遊びましょう。

☹［子どもの反応］やる気はあります。トラックを取ってそれで遊び始めます。

◆こうしてみたら！◆ボウルにクリだけを入れて、それをトラックの荷台に移すように求めます。必要に応じて共同行為を用いて、子どもを手伝ってあげましょう。このように言います。『積みましょう、積みましょう！　クリだ、クリだ！』

遊びのおしまいには、いっしょにひもを引いて車を動かしましょう。

⑤きれいな道

首の細い小さなビンを2本（1本は砂、もう1本は豆粒入り）、A4用紙（白またはカラー紙）を用意します。紙面の右側には2匹のネズミ、左にはお家が二つ描かれています。ネズミさんが自分たちの家まで行く色の道をつくるよう子どもに提案します。やってみせましょう。小ビンを傾けて砂を先にまいておき、豆粒は少しだけまくようにして、ネズミさんからお家までの道をつくりましょう。

こう言いましょう。『ネズミさん用に、きれいな色の道をつくろう！』

☺［子どもの反応］　行為を再現しています。砂をまきます。

◇次へつなげよう！◇子どもの行為を見守りましょう。遊びを変形して遊びをくりかえしましょう。ウサギと農家、キツネとミンク、イヌとイヌ小屋、キツツキと木のうろ、などです。

☹［子どもの反応］　やる気です。でも課題の条件がわかっていません。だから、ビンから砂をまきちらしてしまいます。

◆こうしてみたら！◆紙の中央におもちゃを置きましょう。ネズミさんです。ネズミさんに砂を振りかけるよう提案します。ネコにネズミが見つからないようにする遊びになりますね。

⑥もようづくり

用意するのは、表面を薄いフィルム（0.4～0.6ミリ）でカバーした板、小さなトレーの上に10個の大きめのカラフルなボタンを大小10個（または2色）を用意します。

子どもには板面に、大小のボタンを交互において模様をつくるよう提案します。

やってみせましょう。最初のボタンを取り（大きい方にします）そしてそれを板面に置きます。次にもう一つのボタン（小）を取ってその隣に置きます。次のボタン（最初と同じ、大きいもの）を子どもに渡し、それで模様を続けてごらんと言いましょう。
こう言うとよいでしょう。『模様にしましょう、きれいになるね！』

☺［子どもの反応］行為を再現します。大人の指示した通りの模様になるようボタンを置いています。

◇次へつなげよう！◇子どもの行為をよく観察しましょう。この遊びを変形して少しむずかしくしてみましょう。3、4種のボタンを並べるようにします（大きさや色でボタンの並べ方に変化をつけることもできますね）。

☹［子どもの反応］やる気はあります。模様の絵図を考えないでボタンを押し込んでしまいます。

◆こうしてみたら！◆模様づくりのために、ボタン6個にします。大を三つ、小を三つで、それらを別々の小箱に入れておいてください。最初の大小ペアはあなた自身が置き、次のペアは、子どもといっしょに（手に手を添えて）、そして3番目の大小ペアは子どもひとりでしてもらい、必要に応じてボタン選びを手伝います。
こうお話ししましょう。『模様にしましょう、きれいになるね！』

3 可変素材を用いる行為

自由に形を変えられるやわらかい素材は生産的な手段と言えますね。それらは、いろいろな活動を行うときに、子どもたちの興味や想像力にとって良い影響を与えます。

やわらかい素材は、粒々の素材や水と同じように形を変えられますし、どんな形にもなってくれます。このような素材を用いる過程で形成される触察感覚は、子どもの感情領域や触覚能力にとって好ましく作用します。柔らかい素材を用いる行為によって、子どもは周囲の大人とのコンタクトを背景にしながら方位-探求的なポテンシャルを高めることができますね。やわらかい素材のものを使って目新しい、想定外の形ができ、それは子どもの感覚世界に多様な印象をもたらし、さらに別の非日常的な素材と相互やりとりをする子どもの可能性を広げてくれます。

遊びの例

①ピロシキの生地（生地のつくり方を学ぼう）

トレーに生地のかたまりを二つ、大きいものと小さいものを用意しましょう。

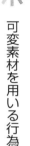

このような場面にしましょう。『お人形さんたちがお客にやってきますよ、ピロシキをごちそうしてあげましょう。でも、まず生地をやわらかくしなければなりませんね。今から、おいしくてやわらかいピロシキになるように生地のつくり方を教えるよ』

大きな生地を使ってやり方を示します。生地を手から手に移し、力を入れて指で圧しましょう。さらに生地をテーブルに置き、ひっくりかえして、再度それを手で圧したり、表面を指を全部使って圧したりします。

こうお話しして下さい。『生地はやわらかくなって、ピロシキはおいしくなるね！』

子どもには小さい生地を渡して、自分は大きい方を圧し続けます。それぞれの生地をやわらかくします。

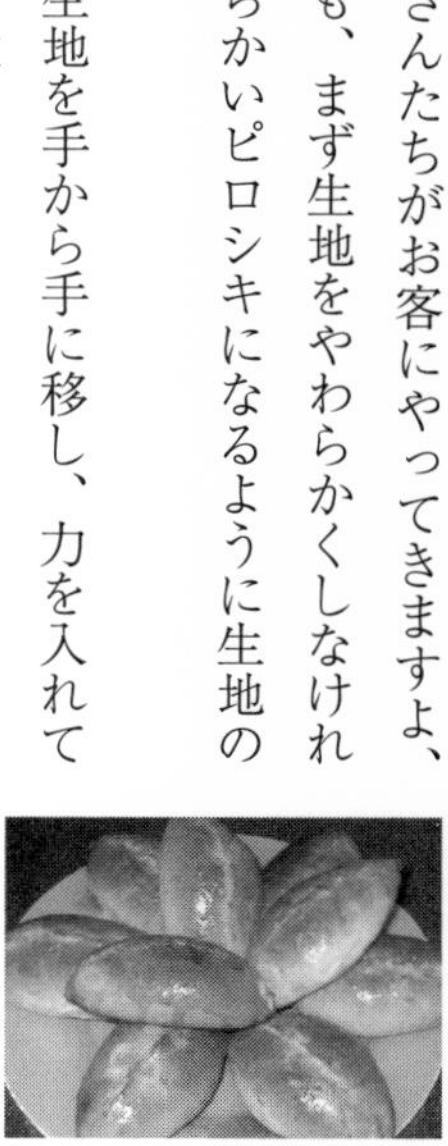
ピロシキ

☺**［子どもの反応］**行為を再現します。両手を使って生地をやわらかくしています。

◇**次へつなげよう！**◇自分の生地をやわらかくしながら、子どもの行為を観察しましょう。そして生地をやわらかくしようと言いながら、自分も続けます。

☹**［子どもの反応］**やる気ですが、両手で生地のかたまりをたたき、生地を大人に渡そうとします。

◆**こうしてみたら！**◆お皿に小さな生地をおいてください。やってみせます。一方の手からも

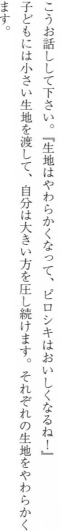

う一方の手に生地を移し、それを両手の指で押し込みます。さらに、子どもに生地を渡し、手首を支えながらいっしょにやってみます。

こう言いましょう。『生地はやわらかくなって、ピロシキはおいしくなるね！』

②ピロシキづくり（**生地を切って、小さくする**）。

生地をソーセージ状にしたものを2本用意しましょう。

こんな場面にしましょう。『お人形さんはお客さんが来るのを待っていて、ピロシキをつくっています。生地をピロシキ用にしなければなりません。大きな生地を小さいものに切り分けましょう。小さくておいしいピロシキにしましょう』

行為を示しましょう。ソーセージ状の生地の両端を両手で持ち、その端を同時に反対方向に回転させ、生地を引きちぎります。

こう言いましょう。『一切れ、もう一切れ、いいピロシキがいっぱいできるね！』

子どもにはもう1本のソーセージを渡し、あなたのした通りにしてみるよう言ってください。各自が自分のソーセージから1個分を切り分けるようにします。

☺［**子どもの反応**］あなたのしたことを再現します。生地を切り分けます。

◇次へつなげよう！◇自分のソーセージから生地を切り分けて、子どものしていることを観察します。遊びのおしまいには、一枚のお皿に小さくした生地を集めましょう。

☹［子どもの反応］やる気はありますが、生地のかたまりを口にもっていったり、指で表面を圧しつぶしたりしています。

◆こうしてみたら！◆トレーに小さな生地のかたまりを一つだけにします。子どもがソーセージ状の生地を両側から持てるように手助けし、それから手首を反対方向に回転させ、ソーセージ状を反対方向に引きのばし、ソーセージを半分に切り分けます。

こうお話ししてください。『一つだったのが、二つになったね。ピロシキは二つできるよ』

③コロコロ・パン（やわらかな素材を集めてかたまりにする）

トレーに生地か、または粘土でできた5、6個の小さなかたまりを用意しましょう。

こんな場面にしましょう。『むかしむかしパンがありました。坂の上からコロコロ転がってきて、割れてしまいました。小さなバラバラになってしまいました。バラバラの小さなパンを集めて大きなパンにしましょう』（コロボークの民話で、コロコロ・パンの物語として子どもたちに知られている）。

行為を示します。両手それぞれに小さなかたまりを取り、力を入れてそれらを合わせ、さらに片方の手からもう一方の手に移しかえながら、より強く握っていきます。そしてさらにもう一片のかたまりを取り、前のものと合体させます。

こうお話ししてください。『ちっちゃいのと、ちっちゃいのと、ちっちゃいので、大きい丸パンになりました！』

子どもに行為を再現してみるよう提案し、一つの大きなパンができるように残りの小さなかたまりもいっしょに合体するように促しましょう。

☺［子どもの反応］ あなたの行為を再現しています。小さくバラバラになったものを合わせて大きな丸いパンをつくりました。

◇次へつなげよう！◇ 子どものすることをよく観察し、必要に応じて、ぎゅーっとくっつけていっしょにするのを手伝いましょう。遊びのおしまいにはお互いにコロコロ・パンを転がしてみましょう（といや板を坂にして利用するのもよいでしょう）。

☹［子どもの反応］ やる気はありますが、力いっぱい小さなかたまりをテーブルに押しつけ、ぺしゃんこにしてしまいます。あるいは、手でかたまりを取りますが、どれもさわってみるだけです。または、かたまりを食いちぎってみせたりします。

◆こうしてみたら！◆ テーブルには二つだけ、バラバラになった部分を置きます。それらを合体するよう子どもにすすめます。こう言いましょう。『ほら、こっちも、ちっちゃいの、こっちも、ちっちゃいの、おっきいパンになっちゃった！』

④ソーセージ（手の直線運動でねんどをのばす）

トレーに粘土（か、生地）を5～6個おきましょう。

このような場面にします。『動物さんたちがお客に来ました。みんなソーセージが大好きです。動物さんたちにソーセージをつくってあげましょう』

行為を示します。板の上にかたまりを置き、力をかけて転がし、ソーセージをつくってください。こうお話しします。『ころがす、ころがす、ソーセージをのばします！』

子どもにあなたのしたことを再現するようすすめます。

☺［子どもの反応］ あなたの行為を再現しています。のばしてソーセージにしました。

◇次へつなげよう！◇子どもの行為を観察します。必要に応じて、のばすときに子どもの手のひらの圧力を加減してあげましょう。遊びをおしまいにするときには、こうしましょう。動物さんたちにソーセージをごちそうするのです。

☹［子どもの反応］ やる気はあって、力を入れてねんどのかたまりをテーブルに押しつけますが、大人のやったことを再現していません。

◆こうしましょう！◆トレーに置くのは一つだけにします。共同行為の方法を用いて、子どもがソーセージをのばすのを手伝い、行為をするときの子どもの圧力や手のひらの位置を加減してあげましょう。

こうお話ししてください。『ころがす、ころがす、ソーセージをのばします！』

⑤**輪（ソーセージの端をつなぐ）**

トレーにいろいろな色のねんどでできた細めのソーセージを5～6本と、ピラミッドおもちゃの土台をおきましょう。

子どもにピラミッドおもちゃの土台を見せましょう。ピラミッドの輪がなくなってしまったので新しいのをつくらなければならない、と伝えましょう。

やってみせてください。両手で細いソーセージの両端を持ち、それらをくっつけ、曲げてソーセージの輪になるようにしてください。そして人差し指と親指でソーセージの端と端を合わせ、くっつけて輪にします。

こう言いましょう。『ソーセージが輪になっちゃった』

子どもに輪をつくるようにもちかけます。自分ひとりでもう一つのソーセージで輪をつくってもらうのです。

☺**[子どもの反応]** あなたの行為を再現しています。ソーセージの端と端をつないで輪にしています。

◇次へつなげよう！◇子どものしていることをよく見守り、必要に応じて、端と端をつなぐところを手伝ってあげましょう。遊びのおしまいには、輪をピラミッドおもちゃの土台に子どもが通すように促しましょう。

☹**［子どもの反応］**やる気はあり、ソーセージを握りこぶしでつぶしますが、あなたがやってみせた行為を再現しません。

◆こうしてみたら！◆トレーに置くソーセージは一本だけにします。子どもの両手を使ってソーセージの端と端とを合わせましょう。こうお話ししてください。『ソーセージが輪になっちゃった』

⑥ペリメニ（水ぎょうざ、ねんど細工の端を合わせる）

このように場面を設定しましょう。シェフが調理していて、生地からペリメニを貼り合わせていますが、ヘリを留めるのを忘れてしまいました。ペリメニをつくるシェフのお手伝いをしなければなりません。

こうお話ししてください。『ペリメニをつくろう、ペリメニをつくろう、つまんでつくろう！』

残りのペリメニをつまんでとじるよう提案してみましょう。

ペリメニ

☺［子どもの反応］ あなたがしてみせた行為を再現します。端をつまんでとじています。

◇次へつなげよう！◇子どもの行為をよく観察しましょう。遊びのおしまいには、ペリメニ全部を鍋に入れるように言い、ほめてあげましょう。

☹［子どもの反応］ やる気はあります。でもやり方がぞんざいです。指先でペリメニの真ん中を押してしまいます。あるいは、こぶしの中で押しつぶしてしまいます。あるいは、できたものの一部をちぎってしまいます。

◆こうしてみたら！◆つまんでくっつける行為に子どもの注意を向けさせましょう。はじめに2回つまんで見せて、その後『手に手を添える』の方法で完成させるよう子どもを手伝います。こうお話ししましょう。『ペリメニをつくろう、ペリメニをつくろう、つまんでつくろう！』

⑦コロコロ・パン――こんがり焼けてる（手の曲線運動で生地を切りとる）

次のような場面設定です。『コロコロ・パン』のおとぎ話の断片を思い出して（または読んで）ください。子どもに丸いパン生地を見せ、それでコロコロ・パンをつくろうともちかけてください。行為をやってみせましょう。成形するための生地を手のひらに置き、それを手のひらで包んで板の上でころがし、球形になるようにしましょう（『ころがす』行為）。

こうお話ししてください。『ほら、どんなコロコロ・パン？　コロコロ・パンはこんがり焼けてるね！』

球形にする行為を続けるよう子どもに促しましょう。

☺［子どもの反応］ あなたのしたことを再現しています。生地をテーブルの上でのばしています。

◇次へつなげよう！◇子どものすることをよく観察しましょう。遊びのおしまいには、両手の手のひらを使って同じようにのばすように促しましょう。

☹［子どもの反応］ やる気はあります。生地をこぶしの中で握りしめ、それを指で強く押しています。あるいは、のばすのではなくテーブルに生地を圧しつけています。

◆こうしてみたら！◆左の手のひらに生地をおき、右手で子どもの手をとり、「のばし」行為を行いましょう。

こうお話ししてください。『ほら、どんなコロコロ・パン？　コロコロ・パンは、こんがり焼けてるね！』

⑧雪だるま（部品を合わせて全体をつくる）

生地でできている半完成品セットを二つ子どもに見せてみましょう。それぞれには、大きさの違う三つの球があります。

やって見せましょう。一番大きい球を左手にとり、右手の指で少し小さい球を持って大きい方の上に置いて、軽く押してみます。同様にして、一番小さい三つ目の球も重ねてください。

こう言いましょう。『球の上に球、もう一つ球があるよ。雪だるまです！』

自分の雪だるまをつくるよう子どもにすすめましょう。

☺［子どもの反応］あなたのしたことを再現します。雪だるまをつくっています。

◇次につなげよう◇子どもの行為をよく観察しましょう。遊びのおしまいには雪だるまにお顔をつくるよう求めます。目、鼻、口（お豆などを使うのもいいですね）をつけましょう。

☹［子どもの反応］やる気です。球をつぶしたり、テーブルの上でころがしたりしています。

◆こうしてみたら！◆まず最初の二つの球はあなたがくっつけて、最後の一番小さい球を、自分一人でやってみるよう子どもに提案します。（共同行為の方法でお手伝いするのもよいでしょう）

こう言ってください。『別々の球が合わさって雪だるまになりました！』

もう一つ、雪だるまをつくって、と子どもに頼んでみましょう。

4 お絵かき遊び

お絵かき活動に関心をもたせる方法です。
・子どもの知っているおもちゃを巻きこんだ遊び場面を工夫しましょう。
・筆記用具（えんぴつ、フェルトペン、など）の使い方を子どもに示しましょう。
・子どもといっしょに絵を描いてみましょう。
・子どもと並んで絵を描いてみましょう。
・子どもに自分ひとりで描くチャンスを作ってあげましょう。

遊びの例

①道（直線）
前もって紙面の右上に、ミンクを描いておきましょう。子どもにその絵とおもちゃのキツネを見せます。

こうお話ししてください。『キツネさんが走ってる、走ってる、ミンクさんは道に迷っちゃった。

森の中で迷子になりました。キツネさんがミンクさんを見つけるお手伝いをしましょう。道をかいてあげましょう』

線を引きはじめて、途中から子どもたちに続きを描くよう提案してみましょう。キツネさんからミンクさんまでの道を描きます。フェルトペンか絵の具のついた幅広のハケを使いましょう。

☺「子どもの反応」 あなたの行為を再現しています。続きの線を一人で引けました。

◇次へつなげよう◇ 子どもの行為をよく観察しましょう。多色のフェルトペンを使って、最初の線の隣にまだ何本か道をかいてみるよう子どもにもちかけましょう。

☹「子どもの反応」 やる気はあります。キツネのおもちゃとフェルトペンをつかみ、なぐりがきをしています。

◆こうしてみたら！◆ もう一度キツネの場面を生かしますが、新しくモノ-遊びの行為をやって見せましょう。キツネをジャンプさせるのです。さらにキツネを紙のそばに置いて、共同行為の方法を用いながら、キツネからミンクのところまで直線を引きましょう。

こうお話しましょう。『キツネさんはミンクさんを捜しています。ミンクさんのところにいく道をかきましょう！』

②コロコロ・パン（曲線）

子どもにおもちゃのコロコロ・パンを見せましょう。テーブルの上でコロコロ・パンをいろいろな方向に転がしてみせます。

こうお話ししてください。『コロコロ・パンがころがって、ころがって、ころがっていっちゃった。ほらー！』（コロコロ・パンをポケットか背中に隠してください）。

子どもにコロコロ・パンを描いてみようと提案します。どうしたらよいかやってみせてください。紙の中央に丸を描き、丸の中に目と鼻と口を描きましょう。

☺［子どもの反応］あなたのしたことを再現します。丸を描きます。

◇次へつなげよう！◇子どもの行為をよく観察しましょう。そのコロコロ・パンに目、鼻、口を描いて仕上げをしましょう。他のコロコロ・パンも描こうよ、と誘ってみてください。

☹［子どもの反応］やる気でいます。コロコロ・パンを描く代わりに、それを捜してテーブルの下をのぞき見しています。あるいは、なぐりがきをしています。

◆こうしてみたら！◆コロコロ・パンをあなたが描いてあげましょう。こう言ってください。『コロコロ・パン、こんがり焼けている！』

③毛糸玉

子どもに毛糸玉を見せましょう。毛糸玉がどちらにも転がるように先端を整えておきましょう。毛糸玉を集めてカゴに入れておきます。

こうお話ししてください。『毛糸玉がころがった、カゴの中に落っこちた！』

紙を用意して毛糸玉を描きはじめてください。フェルトペン（あるいはえんぴつ）の先が紙の中央からそれたりしないようにしながら、らせん状のうずまきも描いてください。子どもに毛糸玉を描いてごらんと提案してください。

☺［子どもの反応］あなたのすることを再現してうずまきを描いています。よろこんでいます。

◇次へつなげよう！◇子どもの行為をよく見ていましょう。色違いの毛糸玉をいくつか描いてと提案してください。

☹［子どもの反応］やる気はあります。毛糸玉を描く代わりに毛糸玉を捜します。あるいはなぐりがきをしています。

◆こうしてみたら！◆子どもの目の前で毛糸玉を描いてみます。こうお話ししてください。『毛糸をまきまき、毛糸玉を描きましょう！』

子どもの手を自分の手でとって、いっしょに毛糸玉を描きましょう。

④りんご（曲線）

子どもにりんごの絵を見せましょう。色、形、重さに子どもの注意を向けましょう。子どもの目の前で、丸と、上の方には葉っぱをつけた絵を描きましょう。影の部分もつけましょう。

こうお話してください。『りんごは赤。葉っぱは緑！』

同じようなりんごを描いてみようと子どもにすすめてください。

☺**[子どもの反応]** あなたの行為を再現しています。丸を描いています。

◇次へつなげよう！◇子どもの行為をよく観察します。葉っぱを描き足しましょう。子どもといっしょにりんごの一部に影をつけましょう。

☹**[子どもの反応]** やる気はあります。なぐりがきをしています。

◆こうしてみたら！◆りんごの輪郭を子どもといっしょに描くよう共同行為を用いましょう。こうお話ししてください。『丸を描きましょう。これはりんご、上には葉っぱ！』

⑤雨（曲線）

子どもの目の前で雲の輪郭を描きましょう（あるいは前もって雲のアップリケを台紙に貼っておきましょ

う）。

こんな場面設定にします。『雲が出てきた。雨が降るよ。雨を描こう』上から下に短い線を少し引いてください。

こうお話ししましょう。『雨が降る、降る、降り出した！』

子どもには、上から下に短い線を描くように提案します。

☺［子どもの反応］あなたのしたことを再現しています。あなたのえんぴつの使い方を模倣して上から下に線を引いたり、雲を描いたりしています。

◇次につなげよう！◇子どもの行為をよく見てください。同じ紙にいっしょに描きましょう。

☹［子どもの反応］やる気はあります。なぐりがきになっています。

◆こうしてみたら！◆共同行為の方法を用いて、上から下に、つまり雲から紙の下の端に向けて線を引いてみてください。

こう言いましょう。『雨が降る、降る、降り出した！』

⑥針（点線）

子どもの目の前で、ハリネズミの輪郭を描きましょう（あるいは前もって台紙にアップリケとして貼っておいてもいいでしょう)。

場面設定をしましょう。『ハリネズミさんが森を走っていて、針をなくしてしまいました。ハリネズミさんの針を描いてあげましょう』

ハリネズミの背中から、何本か短い針を下から上に向かってのばしましょう。

こうお話ししてください。『針です、針です、ハリネズミさんの針!』

子どもには下から上に向けて短めの線を引くように促します。

☺[子どもの反応] あなたがしてみせた行為を再現します。ハリネズミの針を描き、正しい向きに線を引きます。

◇次へつなげよう!◇ 子どもの行為をよく見ていましょう。子どもの絵がおしまいになりそうになったら、ハリネズミのアップリケを示して、細かい針も描くように求めましょう(多方面に線を引きます)。

こうお話しください。『ハリネズミの針、もみの木の針、針だ、針だ!』

☹[子どもの反応] やる気でいます。なぐりがきになってしまうか、紙面いっぱいに長い線を描いてしまいます。

◆こうしてみたら!◆ 共同行為の方法を用いて、ハリネズミの針を描きます。こうお話ししてください。『針だ、針だ、ハリネズミの針だ！』

⑦こんがり焼けたコロコロ・パン（型どりした作品をえのぐできれいにしよう）

型どりをした作品、コロコロ・パンとハケとバラ色のえのぐを子どもに見せましょう。コロコロ・パンをこんがり焼いてみようと提案します。ハケをとって、えのぐをつけ、その後でコロコロ・パンに塗ります。子どもの手にハケをもたせて、それで別のコロコロ・パンもこんがり焼くように頼みましょう。

こう言ってください。『コロコロ・パン、コロコロ・パン、こんがり焼けた！』

☺**［子どもの反応］**　あなたのしたことを再現しています。コロコロ・パンをえのぐで半分ばかり、きれいに塗っています。

◇**次につなげよう！**◇子どもの行為をよく観察しましょう。作品を活用しましょう（コロボークの民話、コロコロ・パンの物語を思い出してみるのも良いでしょう）。

☹**［子どもの反応］**　やる気を出しています。机の上でえのぐを混ぜています。

◆**こうしてみたら！**◆一方の手でコロコロ・パンをとり、もう一方の手で子どもの指をとり、共同行為の方法で、こんがり色にしましょう。

こうお話しましょう。『コロコロ・パン、こんがり焼けてる、ほら、こんなにこんがり焼けてる！』

⑧クリスマスのもみの木（えのぐで作品に色をつけましょう）

子どもに型抜きをしてつくった白色のコーン、もみの木（ねんど、小麦粉生地、あるいは紙でできている物）を見せてください。それは紙または板製の土台に固定されています。絵筆とえのぐを用意しましょう（緑色のグァシュえのぐです）。

こう言いましょう。『緑のもみの木が、森にいっぱい生えました！』

子どもに緑のえのぐでこの作品をきれいな森にしちゃいましょう、ともちかけてください。

☺**［子どもの反応］**あなたのした行為を繰り返します。作品を仕上げています。

◇次につなげよう！◇子どもの行為を観察しましょう。できあがった作品を活用してください（それ用におもちゃのキャラクターたちを登場させてもいいですね。キツネは木々の間を走り回り、うさぎはぴょんぴょん跳ね、鳥たちはさえずり、熊さんはのっしのっしと歩いている、などです）。

☹**［子どもの反応］**やる気はありません。えのぐを机の上や作品の上でまぜたりし、上手に絵筆を持てません。

◆こうしてみたら！◆子どもといっしょに共同行為の方法を用いて色つけをしましょう。こう言ってください。『緑のもみの木が森にいっぱい生えました！』

5 組み合わせ遊び

組み合わせ遊びは、子どもの生活にとって意味あるものの一つです。それは子どもの創作的な能力を刺激します。なぜなら、まさしく組み合わせるときにこそ様々なモノをモデリングする可能性が十分に発揮されるからです。組み合わせ遊びは、子どもの行為が目的志向的であることにも、遊び課題に向き合う能力にも、よい影響を与えるからです。

組み合わせ遊びでは、以下のような相互やりとりが応用されていますね。

・模倣による行為。子どもは大人がしているのと同時に、自分もそのモノをいじっています。
・演示による行為。子どもは大人を見ていて、大人がしたのと同じことを再現します。
・見本による行為。子どもは既成の見本を見て同じことを自分ひとりでします。
・言葉での教示による行為。子どもは、大人が声で教示すると、その行為をします。

（1）棒を組み合わせる

棒を使った組み合わせは最もわかりやすい方法で、そのために自然の材料でさえ使うことができます。この種の活動は周囲の社会的な世界や自然的な世界への認識的な関心を高め、また周囲と社会的にやりとりをする能力の習得に大いに影響を与えます。

棒を使う簡単な組み合わせ（道、柵、はしご）は主題遊びに含められますが、その場合、組み合わせてできあがった作品は、おもちゃのキャラクターを生かす小物になりますね。このような遊びでは、子どもの注意は、組み合わせるエレメントの空間的、計測的な関連に引きつけられます。

棒を用いた組み合わせは、その1本の移動で生じる変化が子どもの関心事となります。大人といっしょに、あるいは模倣によって棒を配置することは、自主性を発揮したり、空間を改造したり、また空間とモノの世界のコンビネーションをつくったりすることにとって刺激の役割を果たします。

遊びの例

①道

こんな場面にしましょう。おもちゃ、たとえばウサギを手にとり、どんな風に跳ねるかやってみせましょう。

こうお話ししましょう。『ウサギさんが森ではねていきます。あっ、今度は道ではねていきます。ピョン・ピョン。ウサギさんの道を棒でつくろうよ！』

子どもに道をつくるように提案します。モノ-遊び行為をやってみせましょう。棒を水平に置きはじめます。端と端をくっつけるようにしましょう（5～6本）。

☺［子どもの反応］あなたのすることを再現します。見本どおりに棒を置いています。

◇次につなげよう！◇子どもの行為をよく観察しましょう。道をつくった後で、場面を生かしましょう。その道でウサギさんが「ジャンプ」するように。

☹［子どもの反応］やる気はあります。目的もなく棒をあっちからこっちへと置きなおしています。

◆こうしてみたら！◆共同行為の方法を用いて、子どもといっしょに棒を置きましょう。こうお話ししましょう。『ウサギさんに棒で道をつくろうよ！　棒だ、棒だ！』

②柵

（8～10本）

遊び場面を伝えましょう。車がやってきました。駐車場の柵をつくるために棒を運んできました。

子どもに柵をつくるように提案しましょう。棒を水平に互いに並ぶように置きはじめてください。そしてこう言いましょう。『棒と棒で、柵をつくるんだ！』

☺**［子どもの反応］**あなたの行為を再現します。見本どおりを棒を並べています。

◇次へつなげよう！◇子どもの行為をよく観察しましょう。組み合わせが終わったら、柵の回りを車でドライブしてみましょう。

☹**［子どもの反応］**やる気はあります。棒をつかみ、大人の教示を考えず、あっちこっちに置きなおしています。

◆こうしてみたら！◆共同行為を用いて、子どもといっしょに柵をつくりましょう。こう言いましょう。『棒と棒で、柵をつくるんだ！』

同じような柵を自分ひとりでつくるよう提案しましょう。

③階段

箱と中に入っている棒（7本）を子どもに見せましょう。階段をつくろうと提案します。こう言いましょう。『2本の棒を左に、2本の棒を右に、真ん中に横木！』

☺［子どもの反応］あなたの行為を再現しています。棒を置いています。

◇次につなげよう！◇棒を順番に置きましょう。あなたが1本置き、子どもが1本置く、というように。階段ができたら、この場面を生かしましょう。いろんなおもちゃが階段を通ります。

☹［子どもの反応］やる気はあります。棒をつかみ、大人の教示を考えず、あっちこっちに置きなおしています。

◆こうしてみたら！◆共同行為の方法で、子どもといっしょに棒でできた階段を置きます。こうお話ししてください。『ほら、どう？　この階段、奇跡の階段よ！』

④おうち

子どもに箱を見せてください。それを開けて、中に入っている棒（3本か6本、建てようとしている家による）を示します。

言ってください。『お人形のためにおうちをつくりましょう！』

子どもの見ている前で見本をつくります。3本の棒でつくるか、三角の屋根のおうちを6本の棒でつくります。

見本を見ながら、同じようなおうちをつくるよう提案しましょう。

☺［子どもの反応］ あなたがしてみせた行為を再現します。見本どおりに家をつくります。

◇次へつなげよう！◇必要に応じて、まっすぐになるよう調整を手伝いましょう。いろいろなおもちゃでおうちを活用しましょう。

☹［子どもの反応］ やろうとする気持ちはあります。棒をつかみ、大人の教示を考えずに、あっちこっちに置きなおしています。

◆こうしてみたら！◆共同行為の方法を用いて、3本の棒でお家をつくりましょう。こうお話ししましょう。『1本、2本、3本、お家ができた！』

（2）二つのモノを組み合わせる

二つのモノを組み合わせることから始めましょう。それは、視覚的な可能性と、両手を使う行為との調和を完成化させ、簡単なしくみを知る教育になります。大人が子どもに教えるのは、つくったものを認知し、言語化すること、モジュールとしてそれらを統一することです。つまり組み合わせを伴う主題遊びの基礎を築くことなのです。二つのモノからなる組み合わせを活用する中心的な方法は大人がコメントを伴わせ演示する行為、いわゆる共同行為ですね。

遊びの例

①お人形のソファ

子どもに小さめのお人形と教材用のレンガを二つ見せましょう。

こう言ってください。『お人形にソファを作りましょう！』

子どもの目の前で見本をつくります。レンガの一つを幅の広い面を下にして置いてください（座面）。そしてもう一つは細く長い面を上にして隣りに設置してください（背もたれ）。

同じソファをつくってみて、と子どもを誘います。

☺［子どもの反応］あなたのしたことを再現しています。見本どおりにソファをつくります。

◇次へつなげよう◇必要に応じて、組み合わせがうまくいくよう調整します。人形を腰かけさせ、できたソファを活用して遊びましょう。

☹［子どもの反応］やる気はあります。教材のレンガをつかみ、あちこちに置きかえたり、あるいは二つを重ねてみたりして、見本には注意を向けていません。

◆こうしてみたら！◆共同行為の方法を用いて、子どもといっしょにソファをつくりましょう。

こうお話ししてください。『ここは、腰かけるところ、ここは背もたれよ。できた！　さあ、お人形をかけさせてみましょう！』

②マトリョーシカのおうち

マトリョーシカを二つ、キューブを二つ、そして三角柱（屋根）を二つ、子どもに見せましょう。

こうお話ししてください。『マトリョーシカにおうちをつくるのよ！』

子どもの目の前で見本をつくります。三角柱をキューブの上にのせて、お家をつくります。

場面を生かします。マトリョーシカがおうちの周りを歩いています。

子どもには、見本を見ながら、同じおうちをつくるように誘いましょう。

マトリョーシカ

☺**［子どもの反応］**　あなたのしたことを再現します。見本どおりにお家をつくりました。

◇次へつなげよう！◇　必要に応じて、子どもの組み合わせを調整する手伝いをしてください。マトリョーシカを使って場面を生かします。

☹**［子どもの反応］**　やる気はあります。キューブをつかみ、それらをあっちこっちに置きなおし、見本に注意を向けていません。

◆こうしてみたら！◆共同行為の方法で、お家をいっしょにつくりましょう。
こうお話ししましょう。『マトリョーシカにお家をつくろうよ！』

③マトリョーシカのいす

マトリョーシカを二つ、キューブを二つ（緑と赤）、そして教材用レンガ（緑と赤）を子どもに見せましょう。

こう言いましょう。『お人形用に、いすをつくりましょう。小さいマトリョーシカには赤いいす、大きいマトリョーシカには緑のいすよ！』

子どもの目の前で見本をつくります。赤いキューブには赤いレンガです。

同じようにいすをつくるよう子どもに提案します。緑の部品で、見本を見ながら。

☺**［子どもの反応］**あなたの行為を再現します。見本どおりにいすをつくります。

◇次へつなげよう！◇必要に応じて、組み合わせ方を調整する手伝いをしましょう。場面を活用します。それぞれのマトリョーシカを自分用の椅子に腰かけさせましょう。

☹**［子どもの反応］**やる気はありません。見本を見ようとしません。組み立て部品をつかんで、あっちこっち置きなおしたり、塔にしたりしています。

◆こうしてみたら！◆子どもの前にマトリョーシカとできあがっているいすを置きます。共同行為の方法を用いて、子どもといっしょにいすをつくります。

こうお話ししてください。『ここは座るところ、ここは背中よ。マトリョーシカをいすに腰かけさせましょう！』

(3) いろいろなモノを組み合わせて遊ぶ

たくさんの物を組み合わせる遊びとしては、「レゴ」タイプの遊び教材や物語セット（「レプカ」（大きなかぶ）、「コロボーク」（コロコロ・パン）、「マーシャと熊」、「クローチカ・リャーバ」（まだら羽のめんどり）、「三匹の子ぶた」など）があります。

遊びの例

①おとぎ話「レプカ」（大きなかぶ）

この話に出てくる人間やモノを子どもに示しましょう。話が進むのに合わせて、内容と一致するモノや人を選ぶように提案します。物語をはじめてください。

☺［子どもの反応］　あなたの話しをよくきいていて、物語の筋を追い、モノや人間を選んでいます。

◇次につなげよう！◇　物語を続けてください。必要に応じて、子どもがモノや人物を選ぶのをお手伝いしてください。語り終えたら、内容について子どもに質問し、主な登場人物について名前を言わせたり、示してみせたりするよう求めます。

☹［子どもの反応］　気持ちはあります。物語は聞かず、手あたりしだいにモノをつかんでいます。

◆こうしてみたら！◆　子どもに具体的なモノをとって、と求めます。こう言いましょう。『かぶは、どこ？　かぶを取って！　おじいさんはどこ？　おじいさんを取って！　じゃ、こんどは、犬はどこ、そして孫娘はどこ？　みんなを一列にして。おじいさんがかぶを、おばあさんがおじいさんを……』

共同行為を用いて『大きなかぶ』のおとぎばなしの登場人物を一列に並べましょう。

②マトリョーシカのお部屋

大きくて丈の低い箱と児童用の家具、テーブル、いすを二つ、ソファ、肘かけいす、フロアスタンドを子どもに見せてください。そして、これがマトリョーシカのお家だと話してください。マトリョーシカから居ごこちのよい部屋にしたい、家具を置きたいと、頼まれました。

家具をマトリョーシカの家に置くように子どもに提案しましょう。テーブルは真ん中で、ソファは右、いすは左、フロアスタンドはいすといすの間です。

☺［子どもの反応］あなたの行為を後追いし、教示をきき、箱の中に家具を並べています。

◇次へつなげよう！◇子どもの行為をよく観察してください。子どもといっしょに「マトリョーシカの家」の場面を活用してください。

☹［子どもの反応］やる気はありますが、あなたの言うことをきいていません。子ども用の家具をつかみ、それを箱の底に投げ入れています。

◆こうしてみたら！◆子どもにモノを一つだけ渡して、こう問います。『これは何？』そして、それぞれの家具を活用しましょう。たとえば、これは「ソファ」、マトリョーシカはソファに横になるのが好きなのよ、とか、「いす」ならば、マトリョーシカはいすに腰かけて食べています、というように。

共同行為の手段を用いて、机の上でも、床の上でも家具類を並べてみてください。「マトリョーシカの家」の場面を活かしてみましょう。

③森、もみの木ときのこ

子どもに大きな箱を見せましょう。そこには、もみの木やきのこがたくさんあります。そしてウサギのおもちゃも見せましょう。
テーブルの上に、森のようにもみの木やきのこを置きます。そしてウサギが森の中で跳ねています。

こう話しましょう。『ウサギさんが森に来て、もみの木ときのこの中ではねています』

☺ **「子どもの反応」** あなたの説明をきいていて、もみの木ときのこをテーブルの上に並べています。

◇**次へつなげよう！**◇子どもの行為をよく観察しましょう。子どもといっしょに「ウサギ」の場面を活用しましょう。

☹ **「子どもの反応」** やる気はあります。もみの木やきのこをつかみ、ばらまいています。

◆**こうしてみたら！**◆子どもに、きのこを左に、もみの木を右に置こうよ、と提案します。そして「ウサギがきのこのあいだで跳ねている」場面、「ウサギがもみの木のあいだで跳ねている」場面を活かしてみましょう。

おわりに

自分を取り巻く世界を認知し、その世界と相互やりとりをするためにソーシャルスキルは大いに有益であり、そのようなソーシャルスキルを子どもが獲得する場は多種多様である、とおわかりいただけましたね。でもどんな場合でも必要なことは、子どもにかかわるときの大人の意図が親切で誠実であること、遊びの環境が自然であること、そして自身をパートナーとして、友だちとして、支援者として受け入れてもらいたいと大人が願うことでしょう。

ときには遊びが日常生活の場面から始まることもあるでしょう。子どもが目を覚まし、朝の時間が始まりますね（洗顔し、歯磨きをし、髪をととのえる、などです）。そして食事をしたり、公園で散歩をしたりするでしょう。また、大人が特別に考えた場面で行われる遊びもたくさんありますね。そのようなときに生まれる相互やりとりは子どもを生産的なコミュニケーションに同調させますし、遊ぶことをやめたくない、続けていたいという気持ちにさせるのです。

公園で散歩しているある親子を想い浮かべてください。まだ寒い朝早くのことでした。どこかのパパが2歳半ぐらいの女の子と歩いています。二人は黙ってなんとはなしにだらだら小道を歩いていました。パパは自分でボールを前に転がしています。女の子は隣を走っていき、パパを見て、そして白樺の小枝をふり回しながら、小道を行き来するハトを驚かしています。

ふとした瞬間、ボールがちょっと遠くまで転がってしまいました。そのときパパは軽めのけり出しをしそこなったのです。彼はボールを追うことはせず、近くのベンチにただ腰かけてしまいました。女の子に何か話しています。女の子は立ち止まり、白樺の小枝をふり回しながら、パパとボールとを代わる代わる見ています。とまどっているように見えましたが、何の行為もしようとはしません。

私は二人と出会い、転がっていったボールに気づきましたが、この無言の成行きまかせな遊びを見過ごすことができませんでした。パパがベンチに腰をおろしたとき、私は思わずボールの方を向き、考えました。ボールを子どもの方に転がしてやらなくちゃ、でも、そうするかわりに、ボールはそのままにしていて、女の子に『ちょうだい』のジェスチャーをしてみました（手の指を内側に曲げたり、伸ばしたりしながら、その手でボールの方も、女の子の方も指示しました）。それから女の子にボールを私によこすように求めてみたのです。女の子は愛想よしで素直でした。彼女はほほえみながら私に白樺の小枝を渡そうとしました。私は首をふりました。『ちがう、枝じゃなくて』と、そして私はもう一度手でボールを指さしました。

今度はその子が気をつけながら2、3歩離れ、私を見つめています。私はボールに近づき、ちょっとかがんでボールを彼女の方に押し出し大声で言いました。『ころ、ころ、ころがるよー。ボールいくよ！』と。ボールがそれきりになってしまったので、私が女の子に向かって言いました。『こんどは、あなたの番よ！　ころころ！　ころがして！』。とても奇妙なことですが、女の子はパパの方ばかりじろじろ見て、それからようやくボールの方に向き直り転がす行為を再現しました。私の方へボールを転がしたのです。私はもう一度、彼女にボールを転がして返し、それからは、もうこの女の子は気持ち的にもはまってこの遊び行為をくりかえしていました。『ほら、ほら、ボールがころがっていくよ！　つかまえて！』。女の子は笑い、その場で飛び跳ねていました。

私たちは二人で笑い、ボールを転がし、互いに見つめ合っていました。例のパパは、しばらく私たちを見ていましたが、その後こっちへやってきて、娘に話しかけながら、パパにもおまえとボール遊びをさせてくれ、と頼んでいました。彼ら親子は、私が気づかいしたのに、もうまったく知らん顔でした。公園の出口まで来たとき、女の子のかん高い笑い声と大人の男の大きな声が聞こえてきました。

私は考えたのです。『大人が遊びの場面に関心を持つ』ことが、こんなにも大事なのだ！　と。実際、そのようなとき子どもは巨大な情動の蓄えをつくり、遊びの相互やりとりから大きな利益を手に入れているのです。

次にあげるのは、**発達促進レッスン**です。

4歳半ぐらいの男の子の定期的な外来レッスンでのことです。子どもの手にえんぴつと白い紙面を持たせ、人を描いてみて、たとえばママとかパパ、をね、と提案しました。（この年齢期の子どもは、大ざっぱに人を描きます。頭、手、足、ときに、たくさんの指というように）。この男の子はえんぴつを手に持ち、その先端で紙面に触れたのですが、上から下に向けて、うっすらとやっと見えるような線を引き、それからもう1本引き、えんぴつを脇に置いてしまいました。私は彼を励ますようにして、えんぴつを持ってもう一度、ママを描こうねと提案しました。再び同じような反応を見ることになりました。

その子のママはその場にいて、こう説明しました。まだこの子がとても幼いときにいっしょに絵を描いたけれど、もう今はこの子にとって興味ないことで、車や組み合わせ遊びが、今好きなんです、と。このようなとき、私はいつも親たちに『メダルの裏側』を見せようとします。本当は絵を描くことが好きなのだけれども、それができない、という場合もあるでしょう。このママは絵を描くことが発達にとって大切だということは理解していますが、どのようにして子どもに描画のスキルや行為を教えたらよいか知らないのです。

私にとっての重要な課題は、その子が上手にえんぴつを使えるように手伝い、それと同時に、その方法と手段をママにやってみせてあげることですね。

この子どもには力相応の課題を提案します。それはきっと3歳児がこなせるほどのものかもしれません。子どもの目の前で、ひもの付いたまるい風船を二つ描き、こう説明します。『まる、と、ひも、まる、と、ひも』。次の風船にもひもをつけて、とたのんでみます。それから同じ紙面に自分ひとりでひものついた風船をいっぱい描いて、と求めます。この男の子は上手にやりました（図3・1）

図3.1　やった！ できた！

今度は子どもの前に新しく白紙を置き、もう一度ママとパパを描くよう提案します。私が子どもの目の前で見本（ママ）を描き、部分を説明します。ほら、このまるは頭よ、点々はお目めとお鼻、この線はお口。長い線を引くよ。これは髪の毛。こんどは三角を描くよ。それはね、お洋服。足と手も描こうね。ほら、すてきなママができた！

次に自分ひとりでパパを描いてみるよう提案します。男の子は、手でえんぴつを持ちテーブルの上にえんぴつを持った手を少し持ち上げて、まるで私が彼の手首を支えていっしょにかき始めるのを待っているように見えました。彼の背後からちょうどいい位置に立って、でも手全体を支えるのではなく、手首だけをそっと。隣に私がいて、いつでも助けるよ、とわからせるだけでよいのです。

この子は、えんぴつをしっかり持ち、私の顔をのぞきこむようにして描きはじめました。これが、からだ、服、これは、足と手、というように。細部（目、めがね、鼻と口）は私といっしょに描きました。（図3・2）

絵を見てみましょう。彼は指で主要な部分をなぞって、知っている体の部分の名前を言いました。頭、胴体、手、足、というように。『なんてすてきなママ！　なんてすてきなパパ！』男の子を見てみましょう。彼は自分の絵を興味を持って見ています。長い間、人差し指でパパの絵の眼鏡を押さえ続け、ほほえみながら、そばにいる自分のママを見ていました。

図3.2　なんてすてきなママ！　なんてすてきなパパ！

図3.3　そっちもうまくできて、こっちもうまくできました

いずれにしろ、子どもにたずねてみます。『で、どう、もう一度ママとパパをかいてみる？　自分ひとりで、私の助けなしで？』この子はしっかりと頭を縦にふり、えんぴつを手に取りました。（図3・3）

そっちもうまくできて、こっちもうまくできました。

とりわけ喜んだのはママでした。外来レッスンの後、彼女は言いました。わが子が自分の絵を描いてくれるなんて、そんなこと思ってもみなかったわ、と。

次は**治療的レッスン**です。相互やりとりの方法を手探りで探した例です。

このレッスンは床で行われました。なぜならこの男の子（およそ8歳）は、自分で腰かけたり歩いたりすることができなかったからです。彼は左脇腹を下にして床に寝ていて、両肘を曲げて体に押しつけていて両脚は力が入りませんでした。目は閉じたままで、不明瞭な音声を発していました。母親はこの子の注意をひこうとしたり、慣れ親しんでいた方法でこの子を活発にしようとしました。頭や手をなでる、キスをする、くすぐる、愛想よく名前でよびかける、彼の手を伸ばしてあげる、彼の手の指を一本一本つまんでみる、などです。この男の子は特異な反応を示しました。頭をそむけたり、母の手を押しのけたり、強い叫び声をあげたのです。

私は二人のそんなコミュニケーションを中断させなければならなくなりました。音の出るおもちゃがいくつか入っているカバンを取り出し、私は床に降りてこの男の子の隣に座りました。鈴を鳴らし、それを子どもに示し、おしまいに彼のほおに鈴で触れてみました。

この子は警戒して、目を大きく開き、固まってしまい、それから両手をさらに強く体に押しつけ、頭を無秩序に回しはじめました。そのとき私は、何かことばをかけながら、そして同時に彼の肩をなでながら、彼の手に鈴を置き、しばらくして、自分の手で彼の指を包むようにしてから、鈴を持つよう手伝いました。再びこの男の子は固まり、その後、私の手を激しく押しのけたのです。

母親は息子の前でなかば横たわるようにして、私たちを見ていて、子どもの肘を支え、しずかに泣き出しました。『ぼくちゃん、おまえは、なんでそうなの。いっしょに遊んであげているのに、どうして応えてくれないの、どうしておもちゃいらないっていうの！』と。その瞬間、私はこの男の子がほほえんでいるのがわかりました。そしてこの子の顔にあらわれたのは、まるで、ママが泣いているのを気に入っているかのような表情でした。彼は前より大きく目を開き、あちこちに目をやり、まるで何か捜しているようでした。

私はママの方を向き、指を唇に立て、そっと子どもの背後に座り、彼の手を私の手でとり、彼の手のひらで軽く床をたたきながら歌いはじめました。『パチ、パチ、すごーい！　みんなのマトベイ、かわいい子ね！』と。二度歌うと、男の子はほほえみはじめました。口を大きく開けて、まるで何か言いたそうに、それに、明らかに力を込めてリズミカルに手の指で床を手で触ろうとしていました。

ママの目には涙が流れて、ほおは紅潮し、彼女もいっしょに歌い出しました。やがて彼女はバッグからメモ帳を取り出し、何か書き始めました。外来レッスンが終わり、別れ際に私は彼女のメモが気になりました。そこには歌のことばと、子どもの床上での姿勢と手のリズミカルな行為、すなわち、この子どもとコンタクトを取りやすい確かな方法について書き込まれていました。

結局のところ、ソーシャルスキルの発達が最大限に伸びていくとしたら、それは遊び場面が大人によってよく工夫され、モノを扱う行為の演示やことばによる説明が同時に伴っているときなのでしょう。子どもを相手にするとき、どうぞご自分の行為を筋の通ったものにしてください。自分のお子さんに身近な日常生活や子どもにわかりやすい、いろいろな場面を使ってソーシャルスキルをのばしてあげましょう。

みなさんの根気強さと、ご成功を祈っています！

ЛИТЕРАТУРА

Авдеева Н.Н., Силвестру А.И., Смирнова Е.О. Развитие представления о самом себе у ребенка от рождения до семи лет / Воспитание, обучение и психическое развитие: в 2-х частях. - М.: 1997. - Ч.1. – С. 11-15.

Божович Л.И. Избранные психологические труды. – М.: Международная педагогическая академия, 1995.

Бутусова Т.Ю. Игры с правилами. Формирование совместной игровой деятельности дошкольников с разным уровнем познавательного развития. // Дошкольное воспитание. – 2016. - № 3. - С. 21-26.

Бутусова Т.Ю. Роль настольно-печатных игр в воспитании самостоятельности дошкольников с интеллектуальными нарушениями // Воспитание и обучение детей с нарушениями развития. – 2016. - № 8. – С. 54-59.

Валлон А. Психическое развитие ребенка: Пер. с франц. Л.И. Анцыферовой. – М.: Просвещение, 1968.

Выготский Л.С. Собрание сочинений: в 6-ти т. Т.3 Проблемы развития психики /Под ред. А.М.Матюшкина. – М.Педагогика, 1983. – С.327.

Выготский Л.С. Собрание сочинений: в 6-ти т. Т.6 Научное наследство /Под ред. М.Г.Ярошевского. – М.Педагогика, 1984. – С.30-35.

Глотова Г.А. Человек и знак. Семиотико-психологические аспекты онтогенеза человека. Свердловск: УГУ, 1990.

Екжанова Е.А., Стребелева Е.А. Коррекционно-развивающее обучение и воспитание. М.: - Просвещение, 2013.

Закрепина А.В. Особенности социального развития детей дошкольного возраста с умеренной формой умственной отсталости, воспитывающихся в семье // Дефектология. – 2003. - №1.

Закрепина А.В. Пути социального развития детей дошкольного возраста с умеренной умственной отсталостью: Дис. …канд. пед. наук. - М., 2003.

Закрепина, А.В. Коррекционно-педагогическая работа по социальному развитию детей дошкольного возраста с отклонениями в умственном развитии // Дошкольное воспитание. - 2010. - N 3. - С. 73-79.

Закрепина, А.В. Трудный ребенок: пути к сотрудничеству / А.В. Закрепина. - М.: Дрофа, 2007.

Запорожец А.В Избранные психологические труды. В двух томах. Т.1. - М.: Педагогика, 1986. - С.54.

Запорожец А.В., Эльконин Д.Б. Психология личности и деятельности дошкольника. – М.: Просвещение, 1965.

Кайдановская И.А. Формирование внутреннего плана мышления у детей дошкольного возраста: Автореф. дис. …канд. псих. наук. - М.: 1985. - 22 с.

Козлова С.А. Я - человек: программа приобщения ребенка к социальному миру // Дошкольное воспитание. – 1996. - № 1. – С. 59 - 66.

Лисина М.И. Формирование личности ребенка в общении. – СПб.: Питер, 2009. – С.90.

Массен П. Развитие личности ребенка: Пер. с англ. - М.: Прогресс, 1987. - 227 с.

Мухина В.С. Изобразительная деятельности ребенка как форма усвоения социального опыта. М.: Педагогика, 1981.

Мухина В.С. Психология детства и отрочества. - М.,1998. – 488 с.

Hau D.F. Cooperative interactions and sharing among very young children and their parents // Developmental Psychology. - 1979. – 15. – P.647-653.

Общение, личность и психика ребенка / Под ред. А.Г. Рузской. – М., Институт практической психологии, Воронеж: НПО МОДЭК, 1997.

Психология дошкольника. Хрестоматия / Сост.Г.А.Урунтаева. – 2-е изд., стереотип. – М., 1998. – С. 324 – 331.

Репина Т.А. Группа детского сада и процесс социализации мальчиков и девочек // Дошкольное воспитание.

-1984. - №4. – С. 34-38.

Салмина Н.Г. Знак и символ в обучении. - М.: Моск. ун-т, 1988.

Сапогова Е.Е. Ребенок и знак. Психологический анализ знаково-символической деятельности дошкольника. – Тула: Приок. кн. изд-во, 1993.

Сеген Э. Воспитание, гигиена и нравственное лечение умственно ненормальных детей: Пер.с франц. М.П.Лебедевой. – С.Пб.: Лихтенштадт, 1903.

Смирнова Е.О. Пути формирования произвольного поведения // Психология дошкольника. Хрестоматия / Сост. Г.А.Урунтаева. – 2-е изд., стереотип. – М., 1998. – С. 340 – 350.

Соломоник А. Семиотика и лингвистика. - М.: Молодая гвардия, 1995.

Эльконин Д.Б Психическое развитие в детских возрастах. Избранные психологические труды / Под ред. Д.И Фельдштейна. – Москва – Воронеж, 1995. – 414 с.

Leung E.H.R. & Rheingold H.L. Development of pointing as a social gesture // Developmental Psychology. – 1981. – 17. – P.215-220.

解説

山梨県立大学　里見達也

1　本書で紹介されている遊びについて

ここでは、第2章に紹介されている「遊びの例」について、実際の保育・教育現場に照らし合わせ、そのユニークなところやプラスの効果など、その有効性を解説していくことにします。

まず、1（1）の「遊びの例」にある①『ぽっぽー、ぽっぽー』は、私たちがよく乳児と関わる際に行っている『いない、いない、ばぁ』と同じ「ふれあい遊び」に該当するでしょう。実際の保育・教育現場では、大人と子どもの目線（見つめ合い）が大切になっていきます。つまり、子どもは大人の温かいまなざしや表情を感じ取ります。同時に大人は、子どもの微妙な表情の変化を感じ取ったり、子どもの視覚的な発達を促したりする役割があるように思います。大人は「愛おしい」という思い、子どもはほっとできるという安心感、これらのことを「遊ぶ」という行動のみで表現できるところがユニークなところです。さらに、今まであったものがなくなる、または、今までなかった状態なのに急に出現する、といった「保存の法則」の概念形成の芽生えや、状況の変化の繰り返しにより「次はどうなるのかな?」という期待感にもつながるようなプラスの効果が期待できると考えられます。

②『そよかぜ』も①と同様に「ふれあい遊び」に属していますが、こちらは「かぜ」という見えない物体の接触（触覚機能の向上）を体感する遊びだと気づかれた方はいるかと思います。見えない物体の動きを体感するというところにユニークさがあります。そして、その見えない物体である「かぜ」をふうせんの活用によって「見える化」していく手段は、子どもの興味・関心を高めることにもつながり、さらなるプラスの効果になっているのではないでしょうか。

③『ガラガラ』は、②とは逆に見える物体（ガラガラ）を通して、今度は見えない音を体感（聴覚機能の向上）する遊びです。さらに、「ガラガラ」を手のひらに置くことで、「ガラガラ」が鳴る音を手のひらに伝わる振動によって見える化して体感することもできる点が非常にユニークだと思います。

④『私を見てちょうだい』では、遠近感の変化を楽しむとともに、大人のぬくもりを実感できる点がユニークです。さらに、山なり（半円状）に移動させることで高低感がプラスされ、そのことは私たちが普段行っている『たかい、たかい』という遊びにつながっていく前段階となることでしょう。

これら①から④の「遊びの例」は、ヴィゴツキーの言うところの「発達の社会的な場」（15頁参照）における「大人との直接的な情動的・個人的なコミュニケーションの場」としてのかかわり方を具体的に示しています。

また、⑤の『熊のミーシカはどこ？』は、①で示した『いない、いないばあ』の発展形です。対象が大人から「熊のミーシカ」（ぬいぐるみ）という物（モノ）へ移行していくことで、三項関係（子ども、物、保育者との相互関係）を意識した遊びであると考えられます。つまり、ヴィゴツキーの言うところの「発達の社会的な場」（15頁参照）の「個人的なコミュニケーションの場」から「他（者・物）を意識したコミュニケーションの場」への橋渡し的な遊びとも言えるのではないでしょうか。また、子どもが「熊のミーシカ」に手を伸ばそうとする行為は能動性や自主性の芽生えととらえることができ、併せて「熊のミーシカ」を目で追うことで追視機能の向上も図ることができるなど、プラスの相乗効果が期待できると思われます。

⑥『あかちゃんはどこ?』は、「プラトーク」が自分にかぶさるという体験から、「プラトーク」をとろうとする行為が予想され、⑤と同様に能動性や自主性といった主体性の出現が期待できます。さらに「プラトーク」の触感を味わうことで、触覚機能の向上もねらうことができるでしょう。

⑦『ボール』は、⑤と同様に追視機能の向上とともに、「もう一回」という欲求表出が現れやすい遊びだと考えられます。さらに、ボールを渡せない場合でも、転がすことでやりとりが可能になると思います。

これまで見てきたように、1⑴の「遊びの例」は視覚（①・⑥・⑦）や聴覚（③）、触覚（②・④・⑤）など五感の一部を伸ばす遊びと言えるでしょう。

さらに、実際の保育・教育現場でこれらの遊びを展開する場合、遊びの発展性を考え、例えば「④→①→⑤→⑥」、または「②→③→⑥→⑦」などのように、組み立てて行うことも期待されます。

これらを踏まえると、第2章⑵以降の「遊びの例」も、ヴィゴツキーの「発達の社会的な場」（16頁参照）を展開させたかかわり方の紹介になっていることが見えてきます。

第2章では、「遊びでソーシャルスキルを身につける」ことを主眼に置いて展開されています。ここでいう「ソーシャルスキル」とは、「大人への信頼と、大人との相互やりとり」（43頁参照）とともに「共同行為、模倣、演示や教示」（70頁参照）や「モノ-遊び行為」（93頁参照）の関係性や「日常生活」（122頁参照）による対応を大切にしています。ここで重要なことは、はじめに「大人」という人間を相手にしたかかわりや対応を意識しているところです。日常のありふれた生活動作や習慣の中で、大人と子どもがいっしょに行う共同行為や模倣、演示（「……同じようにやってみてね」など）や教示（「……したらうまくいくかもね」など）から子どもが自然と身につけようとするものです。問題や課題とされる行動場面を取り出し、目標を設定して取り組むような「行動療法」や、その行動の前と後での状況を把握しつつ、行動を統制していく「応用行動分析」といった療法や指導技法とは異なり、日常のありふれた生活場面の中で展開されている大人と子どもとのかかわりや対応に焦点を当てた、一連の活動が自然な流れの中に位置づけられるような遊びを提唱しています。ここでは、行動の表面や形を整えることから、生活の中で生きているかかわりや対応を学ぶ今日の「特別支援教育」の一つの考えを具体的な遊び事例を通して提唱しているように思われますが、読者の皆様はどのように感じられたでしょうか。

さらに、次の段階として「モノ」（おもちゃ）に焦点を当てたことです。これは、「子ども-大人-モノ」とのトライアングル（三項関係）が成立する段階、つまり「子ども・大人」の一対一の関係から第三の存在（モノ）を介してもお互いの関係性が保たれることを意味しています。直接的なやりとりから間接的なやりとりに移行したということではないでしょうか。その移行から「遊び方」自体を子ども自ら求めるようになっていくことが、現在の保育現場で大切にしている「子どもの主体性」の育ちにつながっていくものと考えられます。

これらの過程を満喫していくにつれて、子どもは自然と身近な身辺自立や清潔な日常へと視点が変化していき、それに応じた大人のかかわり方や対応が求められていくことでしょう。

第3章では、「遊びの教材を生かしてソーシャルスキル」（141頁参照）、つまりは他者との違いを意識して自分を大切にする心を伸ばしていく遊びを提唱しています。具体的には、自分の身体や身だしなみを意識することです。そのためには「大人の話をきく」（145頁参照）ことで、自分が他者にどのように映り、どのようにふるまうことで他者との関係が改善していくかのヒントとなることを示していると思われます。そのためには、私たち自身が「自分のしていることに子どもを注目させるような、大人の養育技術とあそびの技術」（145頁参照）が必要になっていくことを示唆しています。つまり、私たち大人の行動や言動が子どもたちに多大な影響を与えることから、大人自身も自分を磨く努力を子どもといっしょに楽しみながら行っていくことが求められています。

以上のように、第2章以降の「遊びの例」から、実際の保育・教育現場において、類似の遊びが展開されていることからも分かるように、私たち大人は常に子どもの「発達の社会的な場」を意識したかかわりが求められているのではないでしょうか。

ぜひ、読者の皆様もここで紹介されているさまざまな遊びを実践しながら、ご自分のお子さんや担当している子どもたちに合わせてアレンジを工夫しながら、子どもたちの笑顔に出会うチャンスを増やしていってみてはいかがでしょうか。

2　本書の訳語について

広瀬信雄

次に訳語について触れておきましょう。

ロシアの文化に根付いている遊びは、日本の類似した遊び名に直すことはせず、かけ声や呼び名、擬音語についても日本風にしすぎぬよう留意しました。ヴィゴツキー学派で用いる専門用語は、日本語としてよく馴染んでいるとは言えませんが、なるべく原語の特徴を生かし、理解可能になるよう努めました。訳者は原著者のザクレーピナ先生とロシア語-英語-日本語の対比を行いつつ、メールのやりとりによって訳語を検討しました。とくに多用する用語について補足しておきましょう。

スキル…（умение, skills）　ロシア語のウメーニエは、これまで「技能」「技術」と訳されることが多かったのですが、原著者の同意を得て「スキル」としました。ロシア語のウメーニエ（＝スキル）は「習熟」に先行する段階で、人間が意図し、自覚して、コントロールしながら行う行為を言います。たとえば、書くスキル、読むスキル、遊ぶスキルは、これらの行為が意識的に行われ、周囲からの注目や配慮によって、また周囲の何らかの対応によってコントロールされることを前提としています。本書では、大人のコントロールによってスキルが形成され、発達の過程で完全化していくことについて具体的に示されています。

習熟…（навык）　ロシア語のナーヴィクは「習熟」「習慣化」の意味がありますが、本書では日本語の文脈に沿って習熟と習慣（化）に使い分けて訳しました。

ロシア語の「習熟」（ナーヴィク）は、スキルの後に速やかに、自動的に形成されている状態を言い、習熟のレベルで行為がなされていることを人は自覚していないのがふつうです。たとえば読みの習熟とは、自分ひとりで読み、何を読んでいるのか理解していることです。また習熟レベルでの歩行は、歩くときの脚の動きがどう行われているか、などと考えることはありません。遊びの習熟とは、自動的に、ひとりでに、自主的に遊ぶことです。スキルが習熟になるようにするには、人間の意識と自主性が高度に有機的に結びつくことが必要になります。なお一般的なことば（広義）として、日本語のスキル（skills）は、習熟まで含めて用いられることがあります。

コミュニケーション…（общение, communication）ロシア語のアプシチェーニエは、ノンヴァーバルなコミュニケーションを含む広い概念であり、従来、「交流」、「交際」、「交通」などと訳されてきました。ここでは、視線を合わすこと、身ぶり、しぐさ、表情等を含め、「コミュニケーション」としました。ロシア語でのкоммуникация（コムニカーツィヤ）は、主としてことばを用いるコミュニケーションを示すので、その場合は、「言語的コミュニケーション」あるいは「ことばによるコミュニケーション」と訳すことにしました。

相互やりとり…（взаимодействие）一般的には「相互作用」「相互働きかけ」と訳されますが、人と人の場合のみならず、モノと子どもの場合を示すことを考慮して「相互やりとり」としました。また「社会的な相互やりとり」は、広い意味でのコミュニケーションと同義のことばになりますが、「相互作用」

が物理的な力関係を強く想起させる語彙であり、意志や情動のやりとりを示しにくい、と考え、教育現場や遊び活動の場面にふさわしい「社会的な相互やりとり」と訳してみました。御批判をいただけるならば幸いです。

モノ‐遊び行為…（предметно-игровое действие）　事物を対象として扱う行為をこれまでは「対象行為」や「事物行為」等に訳されることが多くありました。対象行為とは、人間が具体的な目標に向かって活動し、その目的を実現するために考え、働きかけようとする、その時の行為を言いますが、ここでは幼児が遊び場面で具体的なモノ（おもちゃ、日用品、自然物）に対して働きかけようとする「対象行為」が取り上げられていることを考慮し、「モノ‐遊び行為」としました。御批判をいただけるならば幸いです。

情動…（эмоция, emotion）　英語と同義と考え、第一訳として「情動」を用いました。理論的な解説部分では、そのようにし、子どもの遊びの場面での心の状態を表す際には、文脈に応じて、「気持ち」「やる気」「心」、等と口語調に訳し分けました。

なお、本書が保護者向け、現場向けに書かれたものであることを考え、全体を通して難解な心理学用語（訳語）を避け、できるだけ平易な日本語になるようにしたつもりです。

原著者が付した注は、すべて日本語に訳し、注としてそのまま記載しました。＊で示された注は訳者が日本語版において付したものです。

3　邦訳出版された関連文献（単行本のみ）の紹介

名取夏海

発達に偏りのある子どもたちの遊びについて、これまでわが国でロシア語文献の邦訳として刊行されている訳書について、本書の関連書として紹介しておきましょう。

①　D・B・エリコニン著　天野幸子・伊集院俊隆訳「遊びの心理学」２００２（普及版）　新読書社

（なお初版は１９８９年）

（原著 Д.Б.Эльконин : Психология игры, М.,《Педагогика》1978）

エリコニンは、ゲルツェン記念レニングラード教育大学でヴィゴツキーと出会い、大きな影響を受けました。ヴィゴツキーは、その短い生涯を閉じるまでの最後の数年間、レニングラード、キエフなど各地に身を寄せ、モスクワを離れることが多くありました。エリコニンは児童期の発達心理学、とりわけ遊びの役割について研究を大成しました。この邦訳書は版を重ねています。

この本の中でエリコニンは、人格の発達についても、社会的な側面についても遊びは子どもの発達を新しい段階に進めるものと解釈し、遊びを通して到達したことは日常生活に持ち込まれ、子どもをさらに高次の段階に引きあげるという考えを述べています。

②　A・A・ヴェンゲル、G・L・ヴィゴヅカヤ、E・I・レオンガルト著、大井清吉、鎌田文聡、八幡ゆかり訳「障害幼児の発達診断」１９７９　新読書社

（原著 А.А.Венгер, Г.Л.Выгодская, Э.И.Леонгард; Отбор детей в специальные дошкольные учреждения. М.,《Просвещение》1972）

原著は、１９７０年代のソビエト障害児教育の発展期に出版されており、その時代の障害児教育の姿を鮮明に伝えています。著者名はヴェンゲル＝カタエワと二重姓で表記されることもあります。今回訳出した本の著者ザクレーピナ先生からすれば、師の師にあたります。なおG・L・ヴィゴヅカヤは、ヴィゴツキーの長女ギータ・リヴォヴナ・ヴィゴヅカヤです。

内容的には、子どもの発達の現在の水準と発達の最近接領域（明日の水準）を考えに入れた子どもの可能性の診断に向けられたものですが、遊びを用いた教育診断の紹介ということができます。これから初めて教育を受ける、難聴、ろう、知的障害の子どもの遊びの分析がなされています。

③　スピヴァコーフスカヤ著　大井清吉・緒方直助編「遊び活動の障害と治療―ソビエトの自閉症児教育」１９８３　明治図書

（原著　Алла Семеновна Спиваковская: Нарушения игровой деятельности.《Издательство МГУ》1980）

A・S・スピヴァコーフスカヤは、クルト・レヴィンとヴィゴツキーのもとで研究したB・V・ゼイガルニクを師としています。この本は、自閉症の子どもたちの遊び活動の研究であり、ヴィゴツキーの「遊びが発達を引き連れる」という考えに立っています。歪められた遊びが形成されることを避け、新しく価値のある遊びを形成することを通して、遊びの治療的意義を明らかにしています。

④　E・S・スレポーヴィチ著　広瀬信雄編訳・里見達也他著「学習障害幼児とあそび」１９９８　新読書社

（原著　E.C.Слепович; Игровая деятельность дошкольников с задержкой психического развития. М.,《Педагогика》1990)

Ｅ・Ｓ・スレポーヴィチは、モスクワの治療教育研究所でＶ・Ｉ・ルボウスキーの指導を受け、心理発達遅滞児や知的障害幼児の研究を行いました。後に彼女は故国ベラルーシのミンスク市に戻り、この国の障害児教育の研究システムを構築しました。この本の中では、知的障害の子どもを含め、どんな子どもたちも知的活動に積極的に誘うことの大切さを説いています。そのような場として、就学前の子どもたちにとっては、遊び活動の果たす役割が大きく、遊びながら自分の「発達の最近接領域」を拓いていくことを明らかにしました。とりわけ主題のある役割遊びに注目しています。

（次にあげるのは、訳書ではありませんが、ヴィゴツキーの考え方と遊びについての理論をわかりやすく紹介している入門書です。）

⑤明神もと子編著『はじめて学ぶヴィゴツキー心理学――その生き方と子ども研究』２０１５（初版２００３）、「フォーラム21」新読書社

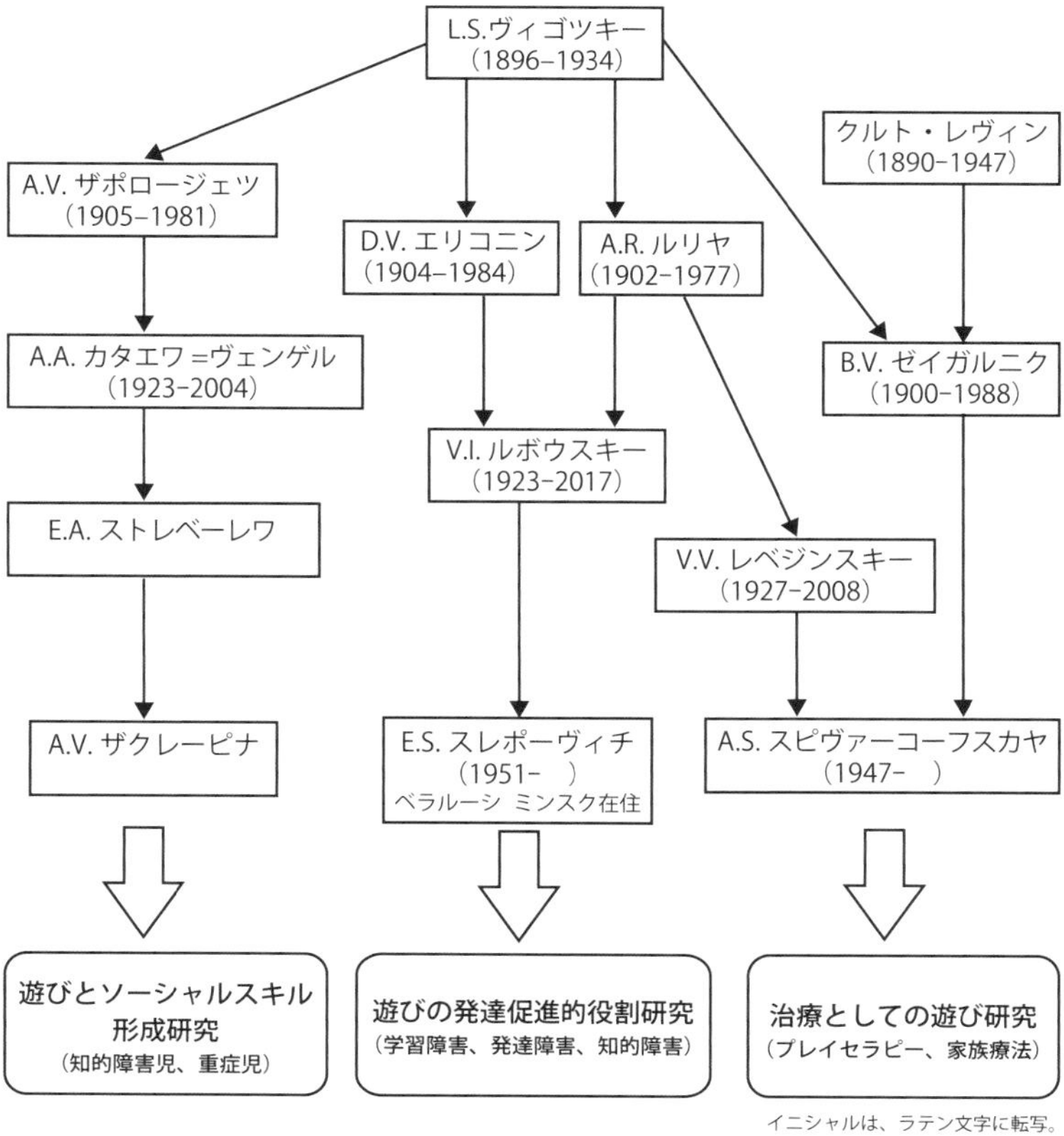

ヴィゴツキー学派の「発達の偏りと遊び」に関する研究系譜

(名取夏海・田中香帆、2020 試案)

名取夏海（2020）「ヴィゴツキーの遊び論に関する一考察――発達促進的役割に着目して」令和元年度　山梨大学特別支援教育特別専攻科研究論文より

訳者あとがき

幼い子どもたちに大人は何をしたらよいのでしょう。どう教え、どう育てたらよいのでしょう。本書には、それが書かれています。ここで言う大人とは、保護者であり、保育士であり、教師であり、心理師であり、祖父母であり、つまるところ地上の大人、全員です。

答えは、子どもといっしょに生活し、いっしょに遊んだり、学んだりすることです。もっとわかりやすく言えば、子どもの相手となることです。「片手間に」ではなく、日常的に、ふつうに、子どもと共同・協働することです。

操作的に、育児や保育や教育をしていこうと、やっきになっている現在の私どもにとって、まさに〝目からウロコ〟の答えですね。「子どもといっしょに～する」「子どもの相手になる」は、簡単なようで実は難しいことかもしれません。でもそれは、どんな薬よりも、どんな治療訓練プログラムよりも、よく効くことが本書を読めばわかります。

そしてもう一つの大事なこと、それは、どのような子どもたちにとっても同じことがいえるということです。原著者は、重い障害とともに生きている子どもたちを含め、大人にいろいろなサインを出している子どもたちに向きあって本書を書いていますが、どの子どもたちもソーシャルスキルを身につけるために、大人との相互的なかかわり、相互やりとりがまず必要なのです。発達に偏りが見られたり、大人からみて「気になる」行動が感じられる子どもたちの療育、保育、教育においても、治療訓練的な方法が求められがちですが、それよりも前に、本書で述べられているような豊かな教育、人間がこれまで大事にしてきた、子どもへのかかわり（つまり上手に子どもの相手となること）が必要なのです。これこそヴィゴツキーの教育ですね。

どのようにして子どもを育て、教えるか、この課題は古くて新しく、答えはわかっているようで、でも実際にはなかなかうまくいかない。教育学や心理学は研究が進み、設備や機器はすばらしい進歩を見せていますが、子どものことで悩む大人は増える一方です。どのような考え方をして、具体的に何をしたらよいのか、それを教えてくれるのが本書です。

原著は、2019年3月、学生とともにモスクワの特別支援学校とインクルーシヴ教育を視察した折、著者のアーラ・ザクレーピナ先生から訳者に直接手渡されたものです。彼女の所属するロシア連邦・教育アカデミー・治療教育研究所の外来レッスンを見学させていただき、また彼女の案内で市内の特別幼稚園での授業を視察させていただく機会に恵まれました。そこでは、大人と子どもとの楽しい遊びの時間、親との熱心な相談、スタッフのチームワークを目の当たりにしました。

もとより訳者は、1970年代からこの国の特別支援教育の状況について継続的に視察やインタビューを研究の一環として重ね、邦訳書の刊行に努めてきました。本書はヴィゴツキー学派の考え方を継承する現代モスクワの研究者アーラ・ワシリエヴナ・ザクレーピナ先生の手による一冊で、初めてお会いした2014年から6年間にわたる交流の記念として訳者に贈られたものです。

ヴィゴツキー学派の研究は多岐にわたりますが、発達に偏りのある子どもたちの遊び活動の研究もその一つです。遊びを教えることは（簡単なことのようで実は容易でないことも多いのですが）、子どもを知ることでもあり、その子どもの世界を拓き、発達を一歩進めることにつながるのです。そして一次的な原因と二次的な原因を見極め、適切な支援によって発達の可能性を尊重していく、というヴィゴツキーの考え方は現代ではよく知られています。簡単に言うことを許していただけるならば、今その子どもが示している状態がどのように見えたとしても、どの子どもも「発達する子ども」であるということです。

さて訳者と前述したロシア連邦・教育アカデミー・治療教育研究所との交流・連携活動は、当時（1992—2019）の所長であったニコライ・N・マロフェーエフ博士（現教育アカデミー副総裁）の全面的な支援によるものです。私たちは年一度の短期間の交流ですが、当研究所を中心に、特別幼稚園、インクルーシヴ幼稚園、治療教育学校、インクルーシヴ学校、児童病院、自閉症児センター他、多様なアプローチに接することができました。原著者Ａ・Ｖ・ザクレーピナ先生は、プロフィールにあるように、障害のある子どもたちの教育学を専門分野とされていますが、とりわけ就学前の知的障害や頭部外傷後の重症の子どもたちの教育方法についてのスペシャリストです。ザクレーピナ先生の研究指導者はＥ・Ａ・ストレベーレワ先生、その師はＡ・Ａ・カタエワ＝ヴェンゲル、その師はＡ・Ｖ・ザポロージェツ、そしてその師がヴィゴツキーです。ザポロージェツは、名高いヴィゴツキー８人組の一人でした。１００年前の研究や実績が現代に開花している深さと広がりに驚きを禁じえません。ロシアの教育に接してみて思うのですが、教育における遊びや生活への着目は、古くからの慣習とか一時的なブームではなく、時を超えて人間が発見し創造をくりかえす過程なのです。

訳者として本書の特徴を述べるならば、次のような点を指摘しておきましょう。

①子どもと周囲の世界との「相互やりとり」を大事にしていること

②したがって日常の生活場面と遊び場面での自然なかかわりを尊重していること
③人間的な成長、人格形成もソーシャルスキルとして考慮に入れていること
④大人の役割、改善への一手が示されていること
⑤理論的な解説と実際的な遊び方が具体的に示されていること

日常の場面、これほど子どもにとって遊びと学びが融合しているシチュエーションは他にありえません。それはまさに子どもとしての活動（大人になるための活動）そのもの、新しい知識とスキルの宝庫です。日常生活の指導が大事なのは、しつけとしてではなく、学びとしてなのです。実際にザクレーピナ先生が用いるのは、特別で高価な教育教材ではありません。日用品を使って大人と子どもとの自然なかかわり合いを創っているのです。特別なクリニックの行動観察室で行われるトレーニングを志向しているのではないところに注目しましょう。子どもの発達について言うならば、特別な薬や治療行為の前に、自然な、日々の営みにこそ発達の土台が築かれるのでしょう。理論家でありながら、常に実践を通してのみ発言をする態度、圧倒的な具体性、これもまたヴィゴツキー学派の伝統です。この点についても私たちはこれまで一度ならず視察の際に接することができました。

本書で提案されているソーシャルスキルの形成は、いわゆる行動主義ではありません。行動の断片をつなぎあわせてパターンをつくることではありませんし、オペラント・トレーニングによる行動変容でもありません。外的、表面的に行動形成するのではなく、生活の文脈や子どもの自覚、意志を尊重し、子どもにとって意味ある場面（生活や遊び）をソーシャルスキルを学ぶ過程と考えるのです。そのようなとき大人

のかかわりは、自然であり、子どもにとって親切であるべきです。受身的に子どもがステロタイプを定着させてしまうことを回避するために、子どもの能動性や自主性（たとえそれが、ささやかなものであっても）を大切にしていく姿勢が本書全体に流れています。

本書の刊行に際しては多くの方々の協力を得ました。

2014年以降、現在に至るまでの連携協力をリードし、私共を常に温かく迎えてくれたロシア連邦・教育アカデミー・治療教育研究所のN・N・マロフェーエフ所長（現同アカデミー副総裁）には行き届いた御配慮に対しお礼を申しあげます。同じく就学前知的障害児教育分野のエレーナ・アントノーヴナ・ストレベーレワ先生はじめ、そのチームの方々（現著者アーラ・ワシリエヴナ・ザクレーピナ先生もその一人）には、親切な応対とレッスンを公開していただいたことに感謝いたします。子どもや親たちと過ごすスタッフの仕事から多くの示唆を得ることができました。

ザクレーピナ先生からは、日本語版の読者に向けてメッセージをいただくことができました。

山梨県立大学の里見達也先生からは、本書で紹介されている遊びについて、就学前期の特別支援教育の立場から、わかりやすい解説をいただくことができました。本書の読者にとって最良のガイドになると確信いたします。

翻訳原稿の整理と写真や図版のデータ化には、山梨大学学生の田中香帆さんの協力を得ました。同じく宮田玲《れい》、山下夏希《なつき》、柚原明妃《ゆはらあきひ》の3名のゼミ生は、日本語版の最初の読者として校正作業に協力していただきました。また本学学部・専攻科の修了生（現小学校教諭）の名取夏海さんには、ヴィゴツキー学派の遊び研究に関する既刊書のうち本書とかかわりの深いものについて紹介していただきました。
今日の状況下、困難を承知の上で本書の価値を見出し出版をお引き受けしていただいた明石書店には、心より感謝申し上げます。大江道雅社長には、刊行を快諾していただいただけではなく、日本語版としての重要な示唆もいただきました。国や民族を分け隔てることなく人間全体に関わるあらゆる問題に視野を広げ、翻訳書の意義を認めて下さる出版人に出会えてこそ、このような分野の日本語訳は船出することができるのです。拙訳「二〇世紀ロシアの挑戦　盲ろう児教育の歴史」（２０１７年）、拙著「ヴィゴツキー評伝」（２０１８年）に続いて今回もお世話になりました。編集を担当していただいた秋耕社の小林一郎氏には、前書に続いて多大なお力添えをいただきました。的確でスピーディーな編集者であるのみならずヴィゴツキー理解者としての氏との出会いは訳者にとって大いに励みになりました。モスクワの出版社ИНФРА-М社には、日本語訳の刊行に対して寛大な御配慮をいただきました。記して謝意を表します。

２０２０　11月17日　ヴィゴツキー生誕124周年の日に

訳者　広瀬信雄

著者について

アーラ・ワシリエヴナ・ザクレーピナ
(Alla Vasilievna Zakrepina)

教育学博士、ロシア教育アカデミー治療教育研究所上席研究員、ロシア教育アカデミー准会員
専門分野：障害児教育学、子どもの発達における偏りの診断と治療、頭部外傷児たちの教育支援、養育と発達の問題に関わるコンサルテーション。

訳者について

広瀬信雄
(Hirose Nobuo)

山梨大学教育学部特任教授
主な著作：レオンチェフ『新装改訂版ヴィゴツキーの生涯』（訳、新読書社、2017)、バシロワ『20世紀ロシアの挑戦——盲ろう児教育の歴史——事例研究にみる障害児教育の成功と発展』（訳、明石書店、2017)、『ヴィゴツキー評伝——その生涯と想像の軌跡』（明石書店、2018)

ヴィゴツキー理論でのばす障害のある子どものソーシャルスキル
――日常生活と遊びがつくる「発達の社会的な場」

2020年11月18日　初版第1刷発行

著　者　アーラ・ザクレーピナ
訳　者　広　瀬　信　雄
発行者　大　江　道　雅
発行所　株式会社 明　石　書　店
〒101-0021 東京都千代田区外神田 6-9-5
電 話　03 (5818) 1171
FAX　03 (5818) 1174
振 替　00100-7-24505
http://www.akashi.co.jp

組　版　有限会社秋耕社
装　丁　明石書店デザイン室
印刷・製本　モリモト印刷株式会社

(定価はカバーに表示してあります)　ISBN 978-4-7503-5120-9